Auteur Yvonne Schimmel

www.renu-syndroom-nederland.org

LinkedIn: yvonneschimmelofficial
Instagram: yvonneschimmelofficial
Facebook: yvonneschimmelofficial

Vormgeving DCN-design, Zuidwolde
www.dcn-design.nl ISBN:

3e druk: juni 2026

EET GOED
"Ontdek wat echt gezond is"

door

Yvonne Schimmel

#1 Best-selling boek in meerdere landen wereldwijd!

Yvonne is een opmerkelijke best-selling co-auteur, wiens naam schittert naast die van **Marie Diamond,** de befaamde auteur van "The Secret" en talloze andere bestsellers. Samen met 47 andere co-auteurs hebben ze het inspirerende boek **"Global Conscious Entrepreneurs"** geschreven, een meesterwerk dat de kracht van bewust ondernemen belicht.

In een wereld waarin ondernemerschap en bewustzijn steeds meer hand in hand gaan, biedt dit boek een onschatbare schat aan inzichten, wijsheid en praktische kennis. Het is een gids voor degenen die de roep van hun ziel volgen en streven naar een diepere betekenis in hun zakelijke ondernemingen.

Yvonne, Marie en de andere auteurs, nemen je mee op een reis die de grenzen van traditioneel ondernemen overschrijdt en je aanmoedigt om bewustzijn te omarmen als een drijvende kracht achter je succes. Dit boek is niet alleen een bron van kennis, maar ook een bron van inspiratie voor iedereen die ernaar streeft om niet alleen winstgevend, maar ook betekenisvol te ondernemen.

"Global Conscious Entrepreneurs" belichaamt de visie van de auteurs, en hun toewijding aan het delen van deze visie met de wereld is bewonderenswaardig. Dit boek zal zeker een blijvende indruk achterlaten en de harten van velen raken.

Dus, laat je inspireren, laat je leiden door hun wijsheid, en stap in de wereld van bewust ondernemen. Ontdek de kracht van het boek "Global Conscious Entrepreneurs" en laat het de gids zijn op jouw reis naar een betekenisvolle en succesvolle onderneming.

Eet goed, ontdek wat echt gezond is.

TOEWIJDING

Aan mijn gewaardeerde cliënten,

Met oprechte dankbaarheid en diepe waardering richt ik deze woorden tot jullie, de bijzondere individuen die mijn pad hebben gekruist gedurende de afgelopen 10 jaar.

Een reis van duizenden ontmoetingen, unieke verhalen en gedeelde momenten die de basis vormen van een bijzondere verbinding. Jullie hebben me niet alleen de kans gegeven om jullie te begeleiden op het pad van gezondheid en welzijn, maar jullie hebben me ook aangemoedigd om verder te kijken, dieper te graven en grenzen te verleggen.

Het is jullie nieuwsgierigheid, jullie zoektocht naar balans en jullie verlangen naar een beter leven dat me heeft aangespoord om voeding te bestuderen met een passie die dieper gaat dan de normale basisprincipes van voedingsleer.

Elke unieke uitdaging die jullie hebben gedeeld, elke mijlpaal die jullie hebben bereikt, heeft me geïnspireerd om dieper in de wetenschap van voeding te duiken. Jullie hebben me uitgedaagd om verder te gaan dan het oppervlak, om nieuwe perspectieven te ontdekken en om te streven naar een diepgaand begrip van de relatie tussen voeding en gezondheid.

Het is een instrument van genezing, verjonging en transformatie. Jullie hebben me aangemoedigd om te zoeken naar innovatieve benaderingen, om te blijven leren en groeien, en om te streven naar het beste voor jullie gezondheid en welzijn.

Jullie hebben me geleerd dat we samen een reis maken, waarin ik dien als gids, maar jullie als de dappere ontdekkingsreizigers van jullie eigen pad.

Terwijl ik terugkijk op de reis die we hebben afgelegd, koester ik de herinneringen en momenten van doorbraak, van vreugde en van het overwinnen van uitdagingen. Jullie zijn degenen die me hebben gevormd, die me hebben gedreven om meer te worden dan een eenvoudige begeleider, maar eerder een toegewijde onderzoeker en gids op het gebied van voeding en welzijn.

Dus, aan elk van mijn bijna 5000 cliënten, sta ik hier met een hart vol dankbaarheid en erkenning. Jullie hebben me gevormd en hebben me de kracht gegeven om voeding te verkennen en te begrijpen op een manier die ik nooit voor mogelijk had gehouden. Moge onze reis samen voortduren, in het streven naar gezondheid, vreugde en vervulling.

Eet goed, ontdek wat echt gezond is.

DANKWOORD

Ik wil graag mijn oprechte dankbaarheid uitspreken aan degenen die hebben bijgedragen aan het tot stand komen van dit werk:

Een speciale dank aan **Robert Jan Hendriks** van **www.optimalegezondheid.com** voor zijn waardevolle bijdrage aan het verstrekken van informatie over het onderwerp veganisme. Zijn inzichten en expertise hebben de basis gelegd voor de diepgang van dit onderwerp.

Mijn waardering gaat ook uit naar **Laura Cucu** voor haar onschatbare hulp bij taal en redactie. Haar nauwgezette aandacht heeft dit werk verrijkt en verbeterd.

Katja Werlich verdient erkenning voor haar vroege betrokkenheid bij het schrijven van dit boek en haar uitdagingen om de concepten nog helderder te verwoorden. Haar inzicht heeft bijgedragen aan de duidelijkheid van de boodschap.

David Wolfe's boek "Superfoods" heeft als inspiratiebron gediend en heeft me voorzien van waardevolle kennis over superfoods. Zijn werk heeft me geholpen om een dieper begrip te krijgen van dit belangrijke onderwerp.

Danique Nijzingh wil ik bedanken voor het helpen met de technische lay-out van het boek. Zonder haar expertise en toewijding zou ik het niet hebben kunnen volbrengen. Ze heeft een essentiële rol gespeeld in het tot stand brengen van dit professioneel eindproduct.

Tenslotte wil ik mijn dankbaarheid uiten aan **alle professoren** wiens online lezingen over voeding ik met grote interesse heb gevolgd. Hun wijsheid en expertise hebben mijn begrip van dit vakgebied verrijkt en verdiept. Zonder de bijdragen van deze geweldige individuen zou dit werk niet mogelijk zijn geweest. Hun inzet, kennis en inspiratie hebben geleid tot een verrijking van dit boek en de boodschap die het wil overbrengen.

Eet goed, ontdek wat echt gezond is.

VOORWOORD

Als orthomoleculair voedingsdeskundige heb ik een solide basis in mijn vakgebied, maar ik erken dat mijn opleiding niet alles omvat wat er te leren valt. In het verleden werden bepaalde voedingsgewoonten als vanzelfsprekend beschouwd, zoals dagelijks melk drinken en traditionele maaltijden.
Echter, door de jaren heen heb ik mijn kennis uitgebreid door het volgen van lezingen van vooraanstaande professoren over de hele wereld. Deze experts hebben nieuwe perspectieven op voeding geboden, vaak afwijkend van de richtlijnen.

Met de opgedane inzichten en kennis ben ik trots om dit boek te presenteren. Het bevat een samensmelting van traditionele wijsheid en moderne inzichten, gebaseerd op uitgebreide lezingen en alternatieve perspectieven. Mijn doel is om jou de tools te bieden die je nodig hebt om bewuste en gezondere voedingskeuzes te maken.

Ik geloof dat dit boek je zal helpen een dieper begrip te krijgen van voeding en de impact ervan op je gezondheid. Of je nu op zoek bent naar welzijn, energie of een gezondere levensstijl, ik hoop dat dit boek je de inzichten zal bieden die je zoekt. Samen kunnen we werken aan het bereiken van een optimale gezondheid door middel van betere voedingskeuzes en betere mindset.

Dr. Nikos Chatzibalassis over Yvonne:

Ik ontmoette Yvonne voor het eerst in Londen, en ik was enthousiast over haar toewijding om mensen te helpen hun leven te verbeteren, altijd openstaand voor feedback en actief op zoek naar mogelijkheden voor zelfverbetering.

Yvonne is een onderdeel in mijn bedrijf geworden, ze ondersteund mij met de visie om de B-CMA online trainingsacademie voor holistische en innovatieve geneeskunde te creëren. Daar ontdekte ik haar passie om haar kennis te verkennen en te delen ten behoeve van de mensheid, haar toewijding en haar evenwichtige vrouwelijke energie die haar projecten ondersteunt en voedt.

Na nauw te hebben samengewerkt aan verschillende andere projecten, kan ik met vertrouwen getuigen van haar uitstekende vaardigheden en professionaliteit.

Gedurende onze samenwerking ben ik elke keer weer onder de indruk van haar sterke werkethiek en vastberadenheid om hoogwaardige kennis te leveren, en dit boek is het perfecte voorbeeld.

Samenvattend raad ik ten zeerste aan dat lezers de verzamelde kennis in dit boek diepgaand verkennen om hun gezondheid te verbeteren en te genieten van een beter leven.

Voeding is de basis van een goede gezondheid, en Yvonne kan ons op de best mogelijke manier begeleiden.

Dr. Nikos is een natuurgeneeskundige arts. Hij maakt gebruik van op de natuur gebaseerde geneeskunde om uw welzijn te helpen bereiken. Hij richt zich op het in evenwicht brengen van psycho-emotionele onevenwichtigheden, milieueffecten, het immuunsysteem, het reguleren van de mindset en mindfulness.

#1 Best-selling auteur **Marie Diamond** over het boek:

Als het om onze gezondheid en welzijn gaat, is er een overvloed aan advies over wat wel en niet te eten. We worden overspoeld met informatie over diëten, superfoods en wellness-trends, die elk beloven de sleutel te zijn tot een gezonder leven. Maar hoe vaak pauzeren we om deze conventionele opvattingen over gezondheid in twijfel te trekken? Hoe vaak onderzoeken we echt kritisch wat we op ons bord en in ons lichaam stoppen?

Yvonne, de briljante auteur van dit boek, is een diepgaande reis begonnen om onze vooropgezette ideeën over voeding uit te dagen. In de pagina's die volgen, zal ze je meenemen voorbij de vertrouwde grenzen van wat we als gezond beschouwen en wat we denken te moeten vermijden. Haar inzichten zullen je begrip van voedsel en de impact ervan op ons leven uitdagen, inspireren en transformeren.

Dit boek is niet zomaar nog een toevoeging aan het overvolle veld van voedingsgidsen. Het is een breuk met de norm, een verfrissende en prikkelende verkenning van een andere manier om onszelf te voeden. Yvonne's woorden zijn niet alleen bedoeld om te informeren; ze zijn bedoeld om je te motiveren om beter te doen, om meer bewust te zijn van de keuzes die je maakt als het op voedsel aankomt.

In een wereld waar snelle oplossingen en trenddiëten vaak de nadruk leggen op het belang van echte, duurzame gezondheid, is de benadering van Yvonne een verademing. Ze duikt diep in de complexiteiten van voeding, en biedt een holistisch perspectief dat niet alleen onze fysieke gezondheid overweegt, maar ook onze algehele kwaliteit van leven.

Dus, terwijl je begint aan deze verlichtende reis door de pagina's van dit boek, open je geest en je hart. Wees bereid om de status quo in twijfel te trekken, om je relatie met voedsel te heroverwegen, en om een pad naar verbeterde gezondheid te ontdekken dat verder gaat dan het gewone. Elk woord dat je in deze pagina's zult vinden, is de moeite waard van je tijd en aandacht, want het heeft het potentieel om niet alleen je dieet, maar ook je leven te transformeren.

***Marie Diamond** is een bekende transformatieleider, Feng Shui-meester en wereldwijd thought leader. Ze staat bekend om haar expertise op het gebied van persoonlijke en professionele transformatie, waarbij ze oude wijsheid combineert met moderne technieken. Haar benadering richt zich op het brengen van harmonie, succes en overvloed in het leven van mensen.*

Als Feng Shui-meester heeft Marie Diamond zich gespecialiseerd in het toepassen van Feng Shui-principes, een oude Chinese praktijk die gericht is op het creëren van een harmonieuze omgeving om positieve energieën aan te trekken en negatieve energieën af te weren. Ze is ook bekend om haar betrokkenheid bij het ontsluiten van de geheimen van Dowsing (wichelroede lopen) en het benutten van de Wet van Aantrekking. (Velen zullen haar kennen van de film en het boek "The Secret).

Marie Diamond heeft wereldwijd erkenning gekregen door haar unieke benadering van persoonlijke groei en manifestatie. Ze deelt haar wijsheid via lezingen, workshops, boeken en online platforms, waarbij ze individuen inspireert om hun dromen te verwezenlijken en een vervullend leven te creëren.

Eet goed, ontdek wat echt gezond is.

Felix Economakis over het boek:

Maak je klaar om aan een transformerende reis naar welzijn te beginnen met dit opmerkelijke boek over voeding. Van zijn inzichtelijke verkenning van de wetenschap achter voedsel tot zijn praktische begeleiding bij het maken van gezondere keuzes, dit boek is een game-changer. Of je nu streeft naar gewichtsbeheer, verhoogde energie of algemene vitaliteit, de wijsheid die in deze pagina's is vervat, zal je in staat stellen de regie over je voeding te nemen en je leven te transformeren. Bij elk hoofdstuk wordt duidelijk dat dit boek niet alleen over eten gaat; het gaat over het voeden van je lichaam, geest en ziel voor een levendige toekomst.

Felix is een Britse psycholoog en therapeut die wordt erkend om zijn expertise op het gebied van snelle psychologische interventies, waaronder de behandeling van fobieën en angsten met technieken zoals eye movement desensitization and reprocessing (EMDR) en andere innovatieve methoden. Hij staat bekend om zijn werk in het helpen van individuen bij het overwinnen van diverse psychologische problemen en was te zien in diverse tv-programma's in de UK, om te laten zien hoe zijn therapeutische benaderingen werken.

Eet goed, ontdek wat echt gezond is.

Spencer Pool over het boek: Wat een zegen om Yvonne's bijzondere boek te kunnen aanbevelen. Want gezondheid is werkelijk rijkdom!! En dit boek zit er boordevol mee. Rijkdom die Yvonne heeft verzameld tijdens jaren van onderzoek en ervaring in vele landen en culturen van over de hele wereld.

Ze heeft waardevolle concepten op eenvoudige wijze uiteengezet, waardoor je niet alleen bewust wordt van nieuwe manieren om je gezondheid aanzienlijk te verbeteren, maar ook manieren om deze nieuwe gezondheidsbewustzijn in je dagelijks leven te integreren.

Kies gewoon een paar die bij je resoneren, en binnenkort zul je kunnen voelen welk verschil ze maken in je leven en hopelijk ook in het leven van degenen met wie je ze deelt. Het leven is om geleefd te worden, maar zorg ervoor dat je het gezond doet.

Spencer biedt Plug 'n' Play-oplossingen aan coaches en aspirant-coaches om hen te helpen succesvol hun eigen wereldwijde online coachingbedrijf op te zetten, klanten aan te trekken en aanzienlijke inkomsten te genereren!
Bedrijfsadvies - Life coaching - Leiderschapsontwikkeling - Digitale Marketing - Leadgeneratie – Groeimarketing. Opgeleid door Bob Proctor

Inhoud

Eet goed, ontdek wat echt gezond is.

Eet goed, ontdek wat echt gezond is.

HOOFDSTUK 1 Wat is gezondheid?

We kunnen gezondheid op verschillende manieren beschrijven. We voelen ons misschien gezond wanneer we niet ziek zijn, wanneer we gelukkig zijn, of wanneer we de dag kunnen doorkomen met minimale pijntjes en klachten. We kunnen zelfs gezondheid ervaren wanneer de mensen om ons heen ziek zijn. Maar wat betekent echte gezondheid?

Volgens de Wereldgezondheidsorganisatie (WHO) wordt gezondheid als volgt gedefinieerd: "Gezondheid is een toestand van volledig fysiek, mentaal en sociaal welzijn en niet slechts de afwezigheid van ziekte of andere lichamelijke gebreken."

De Nederlandse organisatie voor gezondheidsonderzoek en zorginnovatie (ZonMw) stelt dat: "Gezondheid is het vermogen om zich aan te passen en controle te nemen in het licht van de fysieke, emotionele en sociale uitdagingen van het leven."

Dit betekent dat als je te maken hebt met een tijdelijke of permanente ziekte, tekortkoming of afwijking, je leert ermee om te gaan. Je past je aan en leeft je leven zonder dat je ziekte of aandoening je overheerst. In feite kunnen mensen met chronische aandoeningen zich nog steeds behoorlijk gezond voelen en volop van het leven genieten, ondanks dat ze medische zorg nodig hebben.

De geest en het lichaam hebben een wederzijdse relatie (bekend als psychosomatica). Hoe we bepaalde mentale of fysieke uitdagingen aanpakken, heeft invloed op onze gezondheid. Hoewel mensen met chronische aandoeningen zich over het algemeen minder gezond kunnen voelen, is dit niet altijd het geval. Een Paralympische sporter kan zich bijvoorbeeld gezonder voelen dan een gemiddelde toeschouwer van de Paralympische Spelen.

Duidelijk is dat percepties van fysieke en mentale gezondheid met elkaar verweven zijn. Mensen met chronische aandoeningen beoordelen vaak hun kwaliteit van leven lager dan gezonde mensen. Omgekeerd kunnen psychische problemen zich uiten als lichamelijke klachten. In beide scenario's zal de persoon waarschijnlijk minder gezond voelen dan iemand zonder fysieke of mentale ongemakken.

HOOFDSTUK 2 Hoe kun je gezond blijven?

Mindset is hier het sleutelwoord. Hoe benader je het leven? Hoe ga je om met gebeurtenissen? Hoe ga je om met negativiteit, verdriet, boosheid en frustratie? Je ego speelt hierin een belangrijke rol. Echter, je bent niet je ego; dat is iets aangeleerd. Op dezelfde manier ben je niet je gedachten; dat is ook aangeleerd. Negatieve gedachten hebben invloed op onze gezondheid. Ze vervuilen en blokkeren ons lichaam, waardoor we ziek worden. Dit zie ik vaak wanneer ik de bodyscan gebruik om de gezondheid van mijn cliënten te beoordelen. Mensen met een positieve mindset zijn minder vervuild (met opgehoopte afvalstoffen).

Bovendien ontbreekt het onze moderne voeding aan essentiële voedingsstoffen zoals vitaminen en mineralen in vergelijking met het verleden. Landbouwgronden zijn uitgeput en veel groenten worden geteeld met behulp van hydrocultuur, wat resulteert in minimale mineralen inhoud. Daarnaast worden vruchten vaak vroegtijdig geoogst, wat leidt tot minimale vitamine-inhoud. Door de hoge niveaus van stress hebben we meer vitamines en mineralen nodig, en ons lichaam verlangt naar gezonder voedsel. Echter, omdat we vaak vullende maar voedingsstoffen arme voeding consumeren, raken onze lichamen daadwerkelijk uitgeput. Dagelijks ontgiften en aanvulling van vitamines en mineralen zijn daarom essentieel.

Door te werken aan je mindset, goede voeding aan te vullen met supplementen en te participeren in lichamelijke oefeningen, kun je een positieve invloed uitoefenen op je gezondheid. Bovendien kan het nuttig zijn om de hulp in te schakelen van een coach voor motivatie en inspiratie, vooral als je moeite hebt met zelfmotivatie.

HOOFDSTUK 3 Gezonde voeding in een notendop

Fruit: Consumptie van een royale hoeveelheid fruit per dag is aan te raden, vooral bessen, bramen, frambozen en aardbeien. Ook mango en papaya zijn supergezond.

Neem dagelijks een glas **ongezoet kokoswater**, verkregen uit echt sap in plaats van een extract. Kokoswater bevat elektrolyten. (zie hoofdstuk 17)

Groenten:
Je kunt zowel verse rauwe groenten als gekookte of gestoomde groenten eten. Ze leveren belangrijke vitaminen, mineralen, vezels en eiwitten.

Je kunt bijvoorbeeld een groentesmoothie maken met gewoon water of kokoswater.
Voor een volledige maaltijd kun je een groenteshake maken en daar plantaardig eiwitpoeder aan toevoegen.

Je kunt heerlijke verse **groenten sappen** maken met een slowjuicer. De vezels van deze groenten kun je aanmaken met eieren en heerlijke pannenkoeken van maken.

Consumptie van een aanzienlijke hoeveelheid **rauwe groenten** wordt aanbevolen. Bij het koken van groenten gaan ongeveer 65% van hun vitamines, mineralen en enzymen verloren. Door ze te verwarmen in de magnetron gaat zelfs 95% verloren en wordt de structuur van het voedsel veranderd door straling wat weer niet gezond voor je is.

Omdat iedereen uniek is en anders reageert, is het belangrijk om te experimenteren en je tolerantie voor rauwe groenten of specifieke soorten rauwe groenten vast te stellen.

Peulvruchten, waaronder luzerne, bonen, erwten, klaver, linzen, lupinebonen, pinda's en verschillende soorten bonen, worden ook als groenten beschouwd. Het is raadzaam ze te combineren met granen en calcium om de spijsvertering te verbeteren. Bedenk dat niet iedereen peulvruchten effectief kan verteren, dus observeer hoe je lichaam reageert.

Paddenstoelen/champignons: Paddenstoelen en champignons dienen als een goed alternatief voor vlees, omdat ze rijk zijn aan eiwitten, mineralen, antioxidanten en vezels. Ze kunnen rauw of gekookt/gebakken geconsumeerd worden en voegen een heerlijke smaak toe aan verschillende gerechten.

Zoete aardappel: Zoete aardappelen zijn een uitstekende bron van vezels, bètacaroteen, B-vitaminen, vitamine C en mineralen.

Nachtschade Groenten: Tot de familie van de nachtschadegroenten behoren onder andere tomaten, paprika's, aubergines en aardappelen. Deze groenten bevatten waardevolle vitaminen, mineralen, vezels, carotenoïden, polyfenolen en andere plantaardige stoffen. Daardoor kunnen zij een gezonde en voedzame aanvulling vormen op een gevarieerd voedingspatroon.
Sommige mensen ervaren na het eten van nachtschadegroenten meer pijn, stijfheid, darmklachten of andere ongemakken. Mogelijk spelen persoonlijke gevoeligheid en stoffen zoals glycoalkaloïden hierbij een rol. Er is nog onvoldoende bewijs dat nachtschadegroenten bij de meeste mensen ontstekingen of gewrichtspijn veroorzaken, maar individuele reacties kunnen verschillen.

Wanneer iemand vermoedt dat nachtschadegroenten klachten verergeren, kan het zinvol zijn om deze gedurende enkele weken weg te laten en ze daarna één voor één opnieuw te introduceren. Door veranderingen in pijn, spijsvertering, huid, energie en algemeen welzijn bij te houden, kan beter worden beoordeeld of er werkelijk een persoonlijk verband bestaat.
Nachtschade groenten bevatten een kleine hoeveelheid natuurlijke nicotine. Dit kan een gunstig effect hebben op je gezondheid. (Nicotine is niet verslavend, het zijn de stofjes die de fabrikant bij de sigaretten indoen die verslavend werken).

Eiwitshake: Een eiwitshake op basis van plantaardige eiwitten levert ongeveer 20 gram eiwit per portie en kan aangevuld worden met superfoods of toegevoegd worden aan een smoothie. Ik vind het heerlijk om de dag te beginnen, meestal na 16 uur vasten, met een eiwitshake, banaan en cacao poeder. Vult goed en je hebt gelijk 20 gram eiwitten binnen. Zelf gebruik ik de eiwitshake van Plantforce, deze heeft een laag gehalte aan koolhydraten en bevat alle aminozuren en eiwitten, en, zoals de naam al zegt, Plantforce, dus plantaardig.

Zuivel: De consumptie van zuivel is een persoonlijke keuze en geen noodzaak. Voor degenen die ervoor kiezen om zuivel op te nemen, volgen hier enkele aanbevelingen:

***Boter:** Kies voor volle roomboter zonder zout, bij voorkeur afkomstig van gras gevoede bronnen. Vermijd margarine, aangezien dit tal van ingrediënten bevat die ook in verf (!) voorkomen (27 ingrediënten).

***Geitenzuivel:** Geitenkaas, -melk en -yoghurt zijn geschikte alternatieven voor mensen die moeite hebben met koemelk. Veel mensen die problemen ondervinden met koemelk, verdragen geitenmelk vaak wel.

Het is de moeite waard om op te merken dat melk, inclusief andere zuivelproducten, een slijmlaag kan vormen rond de darmwand en longen, wat de juiste opname van voedingsstoffen belemmert. Melk kan ook leiden tot diverse vage klachten. Daarnaast komt lactosegevoeligheid vaak voor en veroorzaakt het maagpijn of diarree bij getroffen personen. Het wordt afgeraden om baby's met oorpijn melk te laten drinken, aangezien dit kan bijdragen aan pijnlijke oorontstekingen.

In mijn vroege jaren was ik altijd verplicht om melk te drinken, omdat mijn ouders geloofden dat dit nodig was voor sterke botten. Echter, ik vond het altijd vreselijk en later ontdekte ik dat mijn lichaam gewoon signalen gaf van de negatieve impact. Ik had vaak last van ernstige oorontstekingen, die leidden tot regelmatige bezoeken aan het ziekenhuis. Destijds was het onbekend dat mijn dagelijkse melkconsumptie de onderliggende oorzaak kon zijn.

***Griekse Yoghurt:** Kies voor volvette Griekse yoghurt, die rijk is aan eiwitten, en consumeer dagelijks een normale portie. Je kunt het verrijken door chiazaad, geraspte kokos, gojibessen, noten of rauwe cacao nibs toe te voegen.

Zuivel is niet essentieel in onze voeding en kan zelfs schadelijk zijn. Het onttrekt indirect calcium aan onze botten, naast andere effecten. Nederland heeft een hoge zuivelconsumptie, maar ook een hoge prevalentie van osteoporose. Bovendien kan zuivel celbeschadiging veroorzaken, omdat ons DNA niet is aangepast aan de consumptie ervan.

Rauwe melk is een ander verhaal, daar zit alles nog in wat we nodig hebben om melk goed te kunnen verteren, inclusief vitamines en mineralen

Noten: Kies voor gemengde noten die ongezouten en ongeroosterd zijn. Consumptie van ongeveer 15 stuks per dag is voldoende, waarbij een walnoot als twee stuks telt. Het is belangrijk op te merken dat sommige personen allergisch kunnen zijn voor bepaalde noten.

Ikzelf bijvoorbeeld, leed jarenlang zonder het te weten aan een notenallergie. Elke avond wanneer ik naar bed ging kreeg ik intense jeuk op mijn rug. 's Avond at ik een handje vol noten, met name amandelen en walnoten. Ook gebruikte ik overdag amandelmelk en maakte ik crackers van amandelmeel. Het was mijn toenmalige echtgenoot die voorstelde dat de noten de oorzaak zouden kunnen zijn. Na het elimineren van noten, amandelmelk en crackers van amandelmeel uit mijn dieet, stopte de jeuk na enkele dagen. Ik had hier vier jaar lang last van!

Geraffineerde Suiker: Geraffineerde suiker wordt gewonnen uit suikerbieten. Tijdens het verfijningsproces worden diverse stoffen, die noodzakelijk zijn voor de juiste verwerking van suiker door het lichaam, verwijderd. Als gevolg daarvan grijpt het lichaam terug op zijn eigen reserves van essentiële stoffen, die dan niet beschikbaar zijn voor het immuunsysteem, wat leidt tot verstoringen in de bloedsuikerspiegel en hormonale balans. Overmatige consumptie van geraffineerde suiker kan het risico op obesitas, type 2-diabetes en hartziekten verhogen. Het wordt ook geassocieerd met een grotere kans op depressie, dementie, leverziekte en bepaalde soorten kanker. Bovendien verkort geraffineerde suiker de telomeren, beschermende kapjes aan het einde van chromosomen. Progressieve verkorting van telomeren wordt in verband gebracht met celveroudering, apoptose (celdood) en een verhoogde vatbaarheid voor ziekten. Met andere woorden, het versnelt het verouderingsproces.

Tekenen dat je mogelijk te veel suiker consumeert:

Tekenen dat je mogelijk te veel suiker consumeert, zijn onder andere een verhoogde eetlust en gewichtstoename, prikkelbaarheid, vermoeidheid en lage energie, verminderde zoetwaarneming in voedsel, trek in zoetigheid, hoge bloeddruk, acne, rimpels en gewrichtspijn.

In het verleden voelde mijn echtgenoot zich een tijdje niet lekker. Na een paar weken wilde hij naar een huisarts vanwege zijn toestand. Ik wist dat de oorzaak van zijn ongemak lag in zijn overmatige consumptie van suiker. Daarom stelde ik voor dat hij mijn dieet 7 weken zou volgen (7 is zijn geluksgetal). Ik schrapte suiker uit zijn dieet, veranderde zijn broodbeleg en liet hem stoppen met het drinken van Coca-Cola. Na 7 weken vroeg ik hem of hij nog steeds naar de dokter moest, waarop hij antwoordde: "Waarom zou ik?" Binnen enkele weken voelde hij zich al aanzienlijk beter en was hij zijn oorspronkelijke plan om de dokter te bezoeken volledig vergeten. Binnen 3 weken was hij gewend aan het nieuwe dieet. (dat is een normale tijdsduur is om aan iets nieuws te wennen).

Stevia:

Stevia is een natuurlijke plantaardige suikervervanger die verkrijgbaar is in de vorm van druppels of poeder. Het is van nature zoet en de smaak kan variëren, dus het is raadzaam om verschillende varianten te proberen om degene te vinden die je voorkeur heeft. Een studie uit 2020 onder gezonde, slanke deelnemers en zwaarlijvige deelnemers toonde aan dat stevia het insuline- en glucosegehalte aanzienlijk verlaagde. Bovendien voelden deelnemers zich ondanks het consumeren van minder calorieën verzadigd en vol na het eten. Echter, mocht je nog een kinderwens hebben is het aan te raden om geen stevia te gebruiken aangezien het de vruchtbaarheid kan verminderen.

Aspartaam:

Aspartaam is een kunstmatige zoetstof die vaak wordt aangetroffen in caloriearme of "light" producten. Deze chemische zoetstof legt een negatieve last op het zenuwstelsel en wordt in verband gebracht met verschillende bijwerkingen, waaronder geheugenverlies, hoofdpijn, oorsuizen, hersentumoren, de ziekte van Alzheimer, darm dysbiose, kanker en hart- en vaatziekten.

Transvetzuren:

Transvetzuren zijn onverzadigde vloeibare plantaardige vetten die chemisch worden verwerkt tot vaste vetten. Ze zijn te vinden in margarine, magere margarine, koekjes, chips, snacks, snoep, koffiecreamer poeder, pizza's, zure room en gefrituurd voedsel. Consumptie van transvetzuren wordt in verband gebracht met hart- en vaatziekten, verhoogde cholesterolniveaus, verhoogd risico op arteriosclerose, diabetes, allergieën bij kinderen en versnelde veroudering. Overmatige inname van transvetzuren leidt vaak tot maagproblemen.

E-nummers:

E621, een smaakversterker, komt vaak voor in verschillende verpakte producten die worden gebruikt om sauzen, maaltijden, etc. te maken. Veel E-nummers hebben schadelijke effecten, dus het is raadzaam om hun consumptie te minimaliseren. E621 wordt met name beschouwd als neurotoxisch, met invloed op de hersenen, en heeft een eetlust verhogend effect door verstoring van het endocriene systeem dat verantwoordelijk is voor regulatie van honger en verzadiging. Vage klachten en aandoeningen zoals bursitis kunnen gedeeltelijk worden toegeschreven aan de consumptie van E621. Monosodiumglutamaat (MSG), een type E-nummer, wordt in verband gebracht met obesitas, stofwisselingsstoornissen, het Chinese Restaurant Syndroom (Vetsin), neurotoxische effecten en negatieve effecten op voortplantingsorganen.

Ik had vroeger elke avond een sterke drang naar Sweet Thai chili-chips. (Zelfs er nu aan denken verleidt me om naar de winkel te gaan en wat te kopen). Maar ik had ook aanhoudende pijn achter mijn schouderbladen. Na het lezen over de mogelijke gezondheidseffecten van E-nummers op mijn lichaam, besloot ik te stoppen met het eten van de chips 's avonds, ook al was dat een uitdaging. Na een week zonder chips voelde ik me aanzienlijk beter. Als gevolg daarvan eet ik nu zelden chips, (behalve bij speciale gelegenheden en dan is het zo weinig dat ik er geen last van heb), omdat de pijn gewoon niet de moeite waard is.

Vlees: Om eerlijk te zijn, dacht ik altijd dat vlees ongezond was en raadde ik mijn klanten af om veel vlees te eten. Gelukkig weet ik nu beter. Kies wel voor hoogwaardig vlees boven de goedkopere stukken die je in de lokale supermarkt vindt. Overweeg in plaats daarvan een bezoek aan je plaatselijke slager, die persoonlijke zorg besteedt aan het slachtproces. Hier is waarom je deze overstap zou moeten maken.

Als het om vlees gaat, is het oude gezegde "goedkoop is duurkoop" zeer toepasselijk. Vlees uit supermarkten, vaak tegen lagere prijzen verkocht, lijkt misschien budgetvriendelijk, maar de kwaliteit en smaak laten vaak te wensen over. Veel van deze stukken worden op grote schaal geproduceerd en missen de zorg en expertise die een vakbekwame slager kan bieden.

Aan de andere kant, wanneer je vlees koopt bij een lokale slager die het slacht- en verwerkingsproces persoonlijk verzorgt, investeer je in de kwaliteit van je maaltijden. Slagers zijn trots op hun vakmanschap en zorgen ervoor dat je de meest verse en beste stukken krijgt. Je zult het verschil proeven in smaak, malsheid en algehele tevredenheid bij elke hap.

Je plaatselijke slager ondersteunen betekent ook het ondersteunen van een kleine onderneming in je gemeenschap. Door te kiezen voor hun eersteklas vlees, help je hen hun traditie en expertise voort te zetten. Bovendien krijg je de kans om persoonlijk advies en aanbevelingen te vragen, wat je kook- en eetervaring verbetert.

Kortom, kiezen voor kwaliteitsvlees van je plaatselijke slager is een beslissing die zowel je smaakpapillen als je gemeenschap ten goede komt. Maak vandaag nog de overstap en geniet van de rijke, smaakvolle ervaring van zorgvuldig geselecteerd en bereid vlees. Je smaakpapillen zullen je dankbaar zijn, en je zult lokale bedrijven in het proces ondersteunen.

Het is beter om bewerkte vleeswaren te vermijden, aangezien deze uitgebreide bewerking ondergaan.
Bovendien kun je naast vlees ook vette vis in je dieet opnemen. Het is echter belangrijk op te merken dat vis zware metalen kan bevatten en niet overmatig geconsumeerd moet worden.

Het draait om het maken van de beste keuze uit minder ideale opties.

Ik herinner me mijn laatste ervaring met vleesconsumptie in Mexico. Ik kan echt genieten van een T-bonesteak. Dus toen een vriend me uitnodigde voor een restaurant dat bekendstond om de beste T-bonesteak in de stad, kon ik niet weigeren. De steak was absoluut heerlijk, mals en smaakvol. Maar de volgende dag had ik zoveel pijn in mijn lichaam, vooral in mijn gewrichten. Dat duurde bijna een week. Gelukkig is mijn darmgezondheid verbeterd en kan ik nu weer vlees eten zonder pijn te hebben.

Soms moeten we keuzes maken en de gevolgen accepteren. Kies ik ervoor om gezond te eten en pijnvrij te zijn, of geef ik af en toe toe aan iets minder gezonds en accepteer ik de daaropvolgende pijn? Als de pijn tijdelijk is, kan het draaglijk zijn. Wanneer het op de lange termijn schadelijk is voor onze gezondheid, is het verstandig om dergelijke keuzes te vermijden en te onderzoeken hoe het probleem op te lossen.

Natuurlijk ervaart niet iedereen pijn na het eten van vlees, maar wees ervan bewust dat overmatige vleesconsumptie verzurend kan zijn voor je lichaam, dus het is belangrijk om te zorgen voor een alkalisch lichaam door bijvoorbeeld citroensap (in de ochtend) en baking soda (voor het slapengaan) te gebruiken.

Gezonde vetten:
Bij het koken, overweeg het gebruik van avocado-olie, extra vierge kokosolie, of hoogwaardige olijfolie (geen extra vierge, deze is voor koud gebruik, maar de normale), of ghee.

Het consumeren van een eetlepel kokosolie bij het ontbijt kan helpen om de insulinespiegels te verlagen. Op een nuchtere maag werkt een eetlepel kokosolie met een theelepel cayennepeper wonderen voor de bloedsomloop in je aderen. Goede bronnen van gezonde plantaardige vetten zijn olijven, avocado's, chiazaden, pompoenzaden, kokosolie, volvette kaas, pure chocolade (70%), cacaoboter, hennepzaad en noten. Hoewel het gebruik van olie die uit deze bronnen is afgeleid voordelig is (behalve zaadolie), is het altijd beter om ze in hun onbewerkte vorm te consumeren, omdat ze een grotere voedingswaarde bieden. Dierlijke bronnen zijn onder andere zalm, makreel, ansjovis, haring, paling, sardines, eieren, boter en ghee.

HOOFDSTUK 4 Superfoods

Ik ben een enthousiaste fan van superfoods vanwege hun ongelooflijke gezondheidsvoordelen. Superfoods kunnen worden gedefinieerd als een specifieke groep eetbare planten die buitengewoon voedzaam zijn. Ze bezitten kwaliteiten die niet strikt kunnen worden geclassificeerd als voedsel of medicijnen, maar bevatten eerder elementen van beide. Superfoods zijn niet alleen heerlijk om te eten, maar ze versterken ook de vitaliteit van ons lichaam, stimuleren ons immuunsysteem, verhogen libido en zuiveren en alkaliseren het lichaam.

Een opmerkelijke superfood is **rauwe cacao**. *Hoewel de ideale keuze gefermenteerde ceremoniële cacao zou zijn, zoals de Criollo-variëteit, begrijp ik dat deze mogelijk niet overal beschikbaar is. Gelukkig heb ik het voorrecht om in Mexico te wonen, waar ik toegang heb tot de beste cacao. Elke ochtend geniet ik van een heerlijke kop van deze ongelooflijke cacao. Ceremoniële cacao heeft het vermogen om het hart te openen en biedt talloze gezondheidsvoordelen.*

Rauwe cacao heeft de hoogste concentratie antioxidanten van alle voedingsmiddelen. Het is ook rijk aan mineralen, vitamine C, Omega 6 en vezels. Het consumeren van cacao helpt bij het verminderen van ontstekingen van lage kwaliteit, verbetert de bloedstroom, verlaagt het risico op hartaanval en beroerte, verbetert de stemming en verlaagt de bloeddruk. Bovendien heeft het een modulerend effect op neurotransmitters. Daarnaast stimuleert het de aanmaak van stamcellen.

Een andere superfood die het vermelden waard is, zijn **chiazaad**. Chiazaad is een uitstekende bron van magnesium, omega-3 vetzuren, calcium, eiwitten, selenium, ijzer, kalium en vezels. Om de spijsvertering te vergemakkelijken en de opname van vocht te optimaliseren, wordt aanbevolen om chiazaad tien minuten in water te laten weken voordat je ze consumeert. Chiazaad helpt bij het handhaven van gebalanceerde bloedsuikerspiegels, wat gewichtsverlies gemakkelijker maakt. Vanwege het hoge vezelgehalte is het echter raadzaam om de inname geleidelijk te verhogen (tot 2 eetlepels per dag) en veel water te drinken. Houd er rekening mee dat chiazaad niet gelijktijdig met bloedverdunners, bloeddrukverlagende medicijnen of plaspillen moeten worden ingenomen, aangezien chiazaad al bloedverdunnend, bloeddrukverlagend en vochtafdrijvend werkt.

Goji-bessen worden beschouwd als het gezondste superfood dat er is. Ze stimuleren de productie van groeihormonen en zitten boordevol bètacaroteen, germanium, L-glutamine, L-arginine, vitamines, mineralen en aminozuren. Hoewel ze geen vitamine C bevatten, ondersteunen goji-bessen de productie van choline in het lichaam, een krachtige vrije-radicalenvanger. Deze bessen hebben meerdere voordelen, waaronder het verlagen van cholesterol, het stabiliseren van de bloedsuikerspiegel, het ondersteunen van collageenniveaus, het stimuleren van de lever en het spijsverteringssysteem, het verbeteren van het gezichtsvermogen, het versterken van het immuunsysteem, het hydrateren van het lichaam en het ondersteunen van de hersenen, het zenuwstelsel, het hart en de bloedvaten. Het consumeren van goji-bessen helpt het lichaam bij zelfherstel. Het wordt aanbevolen om tussen de 15 en 45 gram per dag te consumeren.

Spirulina is zeer effectief bij het handhaven van een gezond zuurgraadniveau en het elimineren van zware metalen uit het lichaam. Het zit boordevol chlorofyl, dat het bloed verjongt en de darmen ontgift. Spirulina bevat vitamines, mineralen, aminozuren, eiwitten en essentiële vetzuren. Het ondersteunt de leverfunctie, vermindert lage graad ontstekingen, versnelt het genezingsproces van het lichaam, verhoogt de weerstand tegen virale infecties en helpt bij het herstel van beschadigd zenuwweefsel. Het speelt ook een rol bij de bestrijding van de ziekte van Alzheimer en Parkinson. De aanbevolen dosis spirulina is 11-20 gram per dag voor therapeutische doeleinden, bij een normale dosis: 6-10 gram.

Hennepzaden zijn een andere waardevolle superfood. Ze zijn een rijke bron van sporenelementen, essentiële vetzuren, vezels, vitamine E, omega-3, 6 en 9, evenals lecithine. Voor optimale voordelen is het raadzaam om hennepzaden te consumeren in combinatie met rauwe, biologische kokosolie. Deze combinatie versterkt de effectiviteit van de omega-3 vetzuren in hennepzaad.

Oceaanplankton is een opmerkelijke superfood die alle nodige voedingsstoffen voor de vorming en het onderhoud van nieuwe cellen omvat. Het zit boordevol mineralen, vitamines, omega-3 vetzuren, antioxidanten, polysacchariden en eiwitten. Het consumeren van oceaanplankton biedt talloze voordelen, waaronder het versterken van het immuunsysteem, het verminderen van ontstekingen, het helpen bij gewichtsverlies, het verbeteren van het geheugen, het stabiliseren van de bloedsuikerspiegel, het verbeteren van de concentratie, het verhogen van de energieniveaus, het bevorderen van een sneller herstel, het herstellen van het zenuwstelsel, het ontspannen van het lichaam, het verbeteren van de spijsvertering en het versterken van het gezichtsvermogen.

Maca werkt synergetisch samen met cacao en vult de effecten ervan aan. Het verbetert vruchtbaarheid, energie en uithoudingsvermogen. Maca is een krachtige adaptogeen, wat betekent dat het helpt om het hormonale, zenuwstelsel, spierstelsel en cardiovasculaire systeem in balans te brengen en te stabiliseren. Het verhoogt het zuurstofniveau in het bloed, geeft energie, verbetert de stemming en ondersteunt de schildklierfunctie. Bovendien is maca rijk aan mineralen en vitamines. Om goede resultaten te behalen, wordt een minimale dagelijkse dosis van 10 gram aanbevolen, maar voor optimale resultaten is 20 gram nog beter. Het is raadzaam om maca gedurende één maand te gebruiken en dan één week pauze te nemen voor maximale voordelen. Wel langzaam opbouwen. (anders kun je nog wel eens regelmatig het toilet moeten bezoeken).

Bijenpollen zijn een krachtige superfood die vitaminen en mineralen, alle 22 essentiële aminozuren, compleet eiwit en een overvloed aan enzymen bevatten. Het werkt als een afrodisiacum, ondersteunt vruchtbaarheid, prostaatproblemen, verhoogt kracht en uithoudingsvermogen, helpt bij allergieën, verlengt de levensduur, heeft antirimpel- en anti-verouderingseigenschappen en kan aandoeningen zoals bloedarmoede, obstipatie, colitis, sinusitis, astma en bronchitis verlichten. Het dagelijks innemen van een eetlepel bijenpollen kan wonderen doen voor je gezondheid. Het wordt aanbevolen om te beginnen met een kwart theelepel en de dosering geleidelijk te verhogen om mogelijke bijwerkingen te voorkomen. Houd de bijenpollen altijd lang in de mond zodat ze volledig gesmolten de maag binnen gaan voor een optimale absorptie.

Aloë vera is een superfood rijk aan vitamines, mineralen, antioxidanten, vezels en polysacchariden. Het biedt verschillende voordelen, zoals het verlichten van gewrichtspijn, ondersteuning van de gezondheid van hersenen en zenuwstelsel, het versterken van het immuun- en spijsverteringssysteem, ondersteuning bij gewichtsvermindering en bevordering van mager spierweefsel. Aloë vera helpt ook bij het oplossen van slijm in de darmen, wat zorgt voor een betere opname van voedingsstoffen.

Kokosnoot is een natuurlijke bron van elektrolyten, waarbij het water bijna identiek is aan menselijk bloedplasma. Het verbetert het spijsverteringssysteem, stimuleert het immuunsysteem, stabiliseert de bloedsuikerspiegel en ondersteunt de schildklierfunctie. Dit zijn slechts enkele van de vele voordelen die de kokosnoot biedt voor je algehele gezondheid wanneer het wordt gecombineerd met aloë vera.
Vroeger gebruikten ze kokoswater als bloedtransfusie wanneer er niet voldoende bloed aanwezig was, zo dicht staat het bij de DNA van de mens.

De eerdergenoemde superfoods zijn slechts enkele voorbeelden van het brede scala aan superfoods die beschikbaar zijn. Er zijn tal van andere superfoods met aanvullende voordelen die hier niet zijn genoemd. Ik raad ten zeerste aan om het boek "Superfoods" van David Wolfe te lezen, omdat het gedetailleerde informatie biedt over deze superfoods en hun voordelen.

HOOFDSTUK 5 Supplementen

Voedingssupplementen zijn verkrijgbaar in verschillende vormen zoals pillen, poeders, druppels, capsules of drankjes, en zijn bedoeld als aanvulling op onze dagelijkse voeding. Ze bevatten doorgaans vitamines, mineralen of bioactieve stoffen, individueel of in combinatie, zoals multivitaminen/mineralen pillen.

Hier zijn enkele redenen waarom het nemen van voedingssupplementen gunstig kan zijn:

1. Moeilijkheden bij het bereiken van een uitgebalanceerd dieet: Slechts een klein percentage van de mensen consumeert een werkelijk uitgebalanceerd dieet. Onze moderne voeding bevat vaak overmatig geraffineerde koolhydraten en verzadigde vetten, terwijl het aan voldoende vitamines, mineralen en eiwitten ontbreekt. Deze onbalans kan leiden tot vermoeidheid en wordt verergerd door de toenemende prevalentie van overgewicht.

2. Verminderd voedingsstoffengehalte in voedsel: Zelfs als we gezonde voedselkeuzes maken, is het voedingsstoffengehalte in ons voedsel in de loop der tijd afgenomen. Factoren zoals overproductie, het gebruik van meststoffen, pesticiden en conserveermiddelen kunnen de kwaliteit van ons voedsel verminderen. Zo is het vitamine C-gehalte in fruit en groenten, enorm afgenomen in vergelijking met 50 jaar geleden.

3. Impact van stress: Het is geen geheim dat stress een veelvoorkomend onderdeel is van ons leven. Het handhaven van een goede balans tussen werk en privé, regelmatig bewegen en het onderhouden van een sociaal leven kan uitdagend zijn. Zowel fysieke als psychologische stress verhogen de behoefte van het lichaam aan essentiële voedingsstoffen om optimaal te functioneren.

4. Onvoldoende blootstelling aan zonlicht: In regio's met zwak winterzonlicht of waar mensen de zon actief vermijden vanwege overmatige hitte, zoals in Mexico, kan vitamine D-tekort veelvoorkomend zijn. Zelfs in zonnigere gebieden kunnen factoren zoals een lichte huid, beperkte buitenactiviteit, donkere huidpigmentatie en veroudering de mogelijkheid van het lichaam om voldoende vitamine D te produceren verminderen. Voor mensen die uit landen komen waar bijna altijd de zon schijnt en gaan wonen in landen waar dat niet het geval is, is het erg belangrijk dat ze Vitamine D3 gaan gebruiken, 4000IU (100mg) per dag is de aanbevolen dosering.

5. Optimaal ondersteuning bieden aan het lichaam: Gezien onze moderne levensstijl heeft ons lichaam een aanzienlijke hoeveelheid essentiële voedingsstoffen nodig die niet altijd alleen uit een optimaal dieet kunnen worden verkregen.

Voor personen in risicogroepen voor tekorten is aanvulling bijzonder belangrijk. Dit omvat zwangere vrouwen, topsporters, jonge kinderen, ouderen (55+), personen onder hoge stress, rokers, mensen met langdurige ziekten, personen met overmatig alcoholgebruik en zij die het grootste deel van hun tijd binnen doorbrengen.

Een basisaanvulling kan een goede benadering zijn om aan de behoeften van je lichaam te voldoen. Dit omvat doorgaans het nemen van een combinatie van voedingssupplementen om veelvoorkomende tekorten aan te pakken en aanvullende vereisten te vervullen. Deze supplementen kunnen vitaminecomplexen, mineralencomplexen (die jodium kunnen bevatten als het niet aanwezig is in het mineralencomplex) en omega-3 algen/ visolie omvatten. Vitamines en mineralen werken synergetisch samen in het lichaam, en algen/visolie is met name belangrijk voor de gezondheid van de hersenen, het hart en de bloedvaten. Daarnaast komt jodiumtekort wereldwijd steeds vaker voor, waarbij ongeveer 33% van de Nederlandse bevolking wordt beïnvloed, en speelt het een cruciale rol in verschillende lichaamsfuncties (behalve voor personen met een overactieve schildklier).

Om ervoor te zorgen dat je de juiste supplementen voor jouw behoeften kiest, wordt aanbevolen om advies en begeleiding te vragen aan een expert of zorgprofessional die gepersonaliseerd advies kan geven.

HOOFDSTUK 6 Geen tarwe, melk suiker, margarine en soja

Hier zijn de redenen waarom het wordt geadviseerd om het consumeren van tarwe, melk, suiker, margarine en soja te vermijden:

1. Tarwe: Tarwe bevat gluten, wat kan leiden tot kortere darmvilli, waardoor de opname van voedingsstoffen wordt verminderd en darmbewegingsproblemen ontstaan. Bovendien bevat tarwe vaak hoge niveaus van fytinezuur, dat mineralen in het lichaam kan uitputten. Vandaag de dag eten we voornamelijk genetisch gemodificeerde tarwe wat juist gezondheidsproblemen geeft. Alternatieven om te overwegen zijn spelt, haver en rogge.

2. Melk (zuivel): Melk vormt een slijmlaag op de darmwand, waardoor de opname van voedingsstoffen wordt belemmerd en mogelijk lekkende darm kan optreden. Het kan ook de slijmproductie in de luchtwegen, longen en bronchiën verhogen, wat bijdraagt aan oorklachten. Amandel-, haver-, kokos-, spelt- en rijstmelk zijn goede alternatieven. Maar neem wel biologisch en zonder raapzaadolie.

3. Suiker: Suiker heeft een negatieve invloed op het immuunsysteem, verstoort de insulineproductie en kan bijdragen aan aandoeningen zoals diabetes, kanker en hart- en vaatziekten. Het kan ook van invloed zijn op emoties, veroudering versnellen en cholesterolniveaus verhogen. Het is raadzaam om suiker uit het dieet te verwijderen, vooral voor mensen met een hoog cholesterolgehalte.

4. Margarine: Margarine bevat vaak schadelijke stoffen, waaronder transvetten. Het is slechts één molecuul verwijderd van plastic. Natuurlijke boter is een gezonder alternatief.

5. Soja: Het consumeren van soja is controversieel om verschillende redenen. Soja bevat saponinen, die de darmdoorlaatbaarheid kunnen verhogen en allergische reacties en auto-immuunziekten kunnen veroorzaken. Fyto-oestrogenen in soja kunnen hormonale disbalans veroorzaken, wat van invloed kan zijn op vruchtbaarheid en menstruatiecycli. Soja bevat ook anti-trypsine, wat de eiwitvertering belemmert, en anti-amylase, wat interfereert met de afbraak van zetmeel. Fytinezuur in soja kan de opname van essentiële mineralen, waaronder zink, calcium, magnesium en ijzer, remmen. De goitrogene eigenschappen van soja kunnen leiden tot schildkliervergroting, en het trekt ook aluminium aan, wat mogelijk bijdraagt aan gezondheidsproblemen zoals de ziekte van Alzheimer. (goitrogenen zijn stoffen die vooral de opname van jodium beïnvloeden).

HOOFDSTUK 7 Gluten

Gluten is een eiwit dat voorkomt in tarwe, rogge en gerst. Het zit in verschillende voedingsmiddelen gemaakt van deze granen, zoals brood, bier, ijs en sauzen. Voor mensen met glutenintolerantie of coeliakie (ongeveer 1% van de bevolking) kan het consumeren van gluten leiden tot schade aan de dunne darm, resulterend in slechte opname van voedingsstoffen en symptomen zoals diarree, obstipatie, groeistoornissen en vermoeidheid.

Sommige mensen geloven dat ze glutenintolerantie hebben, maar waarschijnlijk hebben ze last hebben van een glutengevoeligheid, wat ongeveer 2 tot 3% van de bevolking treft. Glutengevoeligheid kan zich manifesteren als symptomen vergelijkbaar met het prikkelbare darm syndroom, waaronder buikpijn, opgeblazen gevoel, diarree, hoofdpijn, spierpijn, vermoeidheid, gewichtsverlies en bloedarmoede.

Beslissen of je gluten in je dieet wilt opnemen, is een persoonlijke keuze. Als je een van de bovenstaande symptomen ervaart, is het misschien de moeite waard om een glutenvrij dieet te proberen. Als iemand met glutengevoeligheid consumeer ik af en toe gluten, maar ervaar ik daarna vaak ongemak, vooral in mijn heupen. Ik probeer mijn inname van gluten te minimaliseren en te kiezen voor vervangers zoals pasta gemaakt van erwten of linzen, evenals rijstnoedels.

Veel van mijn cliënten hebben er baat bij gevonden door over te schakelen van tarwebrood naar spelt brood. Het gluten in spelt heeft een andere moleculaire vorm dan modern tarwe, waardoor het gemakkelijker verteerbaar is. Spelt bevat ook meer vezels dan tarwe, wat helpt bij de vertering van gluten. Zuurdesembrood bevat nog steeds gluten, maar uit mijn eigen ervaring ga ik veel beter op zuurdesem dan op normale tarwe.

HOOFDSTUK 8 Koolhydraten & Eiwitten

Koolhydraten kunnen worden ingedeeld als snel of langzaam, afhankelijk van hoe snel ze door het lichaam worden verteerd. Snelle koolhydraten worden snel afgebroken, wat leidt tot een snelle afgifte van glucose en mogelijk gewichtstoename. Voedingsmiddelen zoals brood, aardappelen, pasta, rijst, maïs, frisdrank en junkfood vallen in de categorie van snelle koolhydraten.

Langzame koolhydraten bevatten meer vezels, waardoor ze langer nodig hebben om te verteren en resulteren in een geleidelijke opname van koolhydraten. Voorbeelden van langzame koolhydraten zijn havermout, volkoren spelt/haverbrood, peulvruchten, bonen, bruine of volkoren rijst, gierst, quinoa, fruit, noten en zaden. Het is gunstig om langzame koolhydraten te consumeren in combinatie met eiwitten en vetten, omdat dit het absorptieproces verder vertraagt en het risico op gewichtstoename vermindert.

Opmerking: Het consequent consumeren van koolhydraten leidt tot een aanzienlijke verhoging van de insulinespiegels. Om een gezond dieet te handhaven en je insuline effectief te beheersen, is het raadzaam om de dagelijkse inname van koolhydraten niet te overschrijden met ongeveer 50 gram. Hier is waarom dit een verstandige keuze is voor je welzijn.

Koolhydraten staan erom bekend dat ze de insulinespiegels snel verhogen in het lichaam, wat kan leiden tot verschillende gezondheidsproblemen, waaronder gewichtstoename, insulineresistentie en een verhoogd risico op chronische ziekten. Door je dagelijkse koolhydraatinname te beperken tot ongeveer 50 gram, kun je je insulinerespons reguleren, wat de algehele gezondheid en welzijn bevordert.

Het beperken van de consumptie van koolhydraten tot dit niveau heeft zich bewezen als effectief voor veel mensen die streven naar gewichtsbeheersing en verbetering van hun metabolische gezondheid. Het moedigt het lichaam aan om vet te verbranden voor energie, wat resulteert in gewichtsverlies en verbeterde insulinegevoeligheid. Bovendien kan het handhaven van een lagere koolhydraatinname helpen bij het stabiliseren van de bloedsuikerspiegels, het verminderen van verlangens en het bevorderen van een constante energievoorziening gedurende de dag. Deze dieetverandering draagt niet alleen bij aan een betere fysieke gezondheid, maar helpt ook bij het voorkomen van veel aandoeningen zoals obesitas, diabetes en hartziekten. Het stelt je in staat om de controle over je voeding te nemen en keuzes te maken die je langetermijndoelen voor gezondheid ondersteunen.

Eiwitten

Eiwitten: Ze spelen een vitale rol bij het behouden van een uitgebalanceerd dieet. Een dagelijkse eiwitinname van ongeveer 1 gram per kilogram lichaamsgewicht is doorgaans voldoende voor personen met een zittende levensstijl. Echter, wanneer je actief bent in extreme sporten of veeleisende lichamelijke activiteiten, is het raadzaam om je eiwitinname te verhogen. Een eenvoudige formule om je eiwitbehoeften te berekenen, is om je lichaamsgewicht te vermenigvuldigen met 1,7 voor matige lichamelijke activiteit en met 2,5 voor zeer intensieve lichamelijke activiteit.

Nu willen we een veelvoorkomend misverstand wegnemen: sommigen geloven dat overmatige eiwitinname nierproblemen kan veroorzaken, maar het is eerder het tegenovergestelde. Nierproblemen treden eerder op wanneer je te weinig eiwitten consumeert en een hoge koolhydraatinname hebt. Hier is waarom het cruciaal is om de juiste balans te vinden: Eiwitten ondersteunen spiergroei en herstel, wat kracht en veerkracht voor je lichaam biedt.

Een juiste eiwitinname kan helpen bij het reguleren van je bloedsuikerspiegels en het behouden van een gezonde stofwisseling.
Adequate eiwitconsumptie helpt bij het onderdrukken van honger en kan bijdragen aan gewichtsbeheersing.

Laten we nu het misverstand over nierproblemen aanpakken. De nieren spelen een cruciale rol bij het filteren van afvalstoffen uit ons bloed. Wanneer je een overmatige hoeveelheid koolhydraten consumeert en eiwitten beperkt, leg je extra druk op je nieren. In deze situatie moeten de nieren harder werken om de bijproducten van koolhydraatmetabolisme te verwerken, wat mogelijk tot nierproblemen kan leiden. Door een passende eiwitinname te handhaven, voorzie je je lichaam van de benodigde voedingsstoffen en ondersteun je de algehele gezondheid. Zorg er dus voor dat je de juiste hoeveelheid eiwitten in je dieet krijgt, vooral wanneer je deelneemt aan fysiek veeleisende activiteiten. Het is een keuze die niet alleen je fysieke welzijn bevordert, maar ook je langetermijn gezondheid.

Goede bronnen van eiwitten zijn: noten, avocado, groene bladgroenten, champignons, hennepzaden, groene groente smoothies, vlees, kip, vis, Griekse yoghurt (of geitenyoghurt) en eieren.

Eiwitten die zwavel bevatten spelen een rol in leverprocessen en helpen bij het afbreken van gifstoffen die via voedsel, dranken en inademing worden ingenomen. Voedingsmiddelen zoals knoflook (inclusief zwarte knoflook), uien, prei, broccoli en spinazie zijn goede bronnen van eiwitten die zwavel bevatten. Maar wanneer je een koolhydraatarm, gezond vetrijk en eiwitrijk dieet volgt, zul je nauwelijks gifstoffen hebben om af te breken.

Hier is een lijst van diverse eiwitbronnen, zowel van plantaardige als dierlijke bronnen, samen met hun geschatte eiwit- en vetgehalte per 100 gram:

1. Kip:	- Eiwit: 31 grams	1. Tofu:	- Eiwit: 8 grams
	- Vet: 3.6 grams		- Vet t: 5 grams
2. Zalm:	- Eiwit: 25 grams	2. Linzen:	- Eiwit: 9 grams
	- Vet: 13 grams		- Vet: 0.4 grams
3. Rund:	- Eiwit: 31 grams	3. Kikkererwten:	- Eiwit: 8.9 grams
	- Vet: 4 grams		- Vet: 2.9 grams
4. Kalkoen:	- Eiwit: 29 grams	4. Quinoa:	- Eiwit: 4.1 grams
	- Vet: 2.8 grams		- Vet: 1.9 grams
5. Ei (2 stuks):	- Eiwit: 13 grams	5. Amandelen:	- Eiwit 21 grams
	- Vet: 9 grams		- Vet: 49 grams
6. Griekse Yogurt volle:	- Eiwit: 10 grams	6. Walnoten:	- Eiwit: 15 grams
	- Vet: 6 grams		- Vet: 65 grams
7. Geiten Yogurt:	- Eiwit: 3.6 grams	7. Para noten:	- Eiwit: 14 grams
	- Vet: 2.2 grams		- Vet: 66 grams
8. Sardientjes:	- Eiwit: 25 grams	8. Chia zaden:	- Eiwit: 17 grams
	- Vet t: 11 grams		- Vet: 31 grams
9. Haring:	- Eiwit: 18 grams	9. Avocado:	- Eiwit: 2 grams
	- Vet: 18 grams		- Vet: 14 grams
10. Makreel:	- Eiwit: 21 grams	10. Avocado-, Kokos- en Olijf olie per eetlepel:	- Eiwit: 0 grams
	- Vet: 13 grams		- Vet: 14 gram
11. Anjovis:	- Eiwit: 29 grams		
	- Vet: 6 grams		

HOOFDSTUK 9 Algemene tips

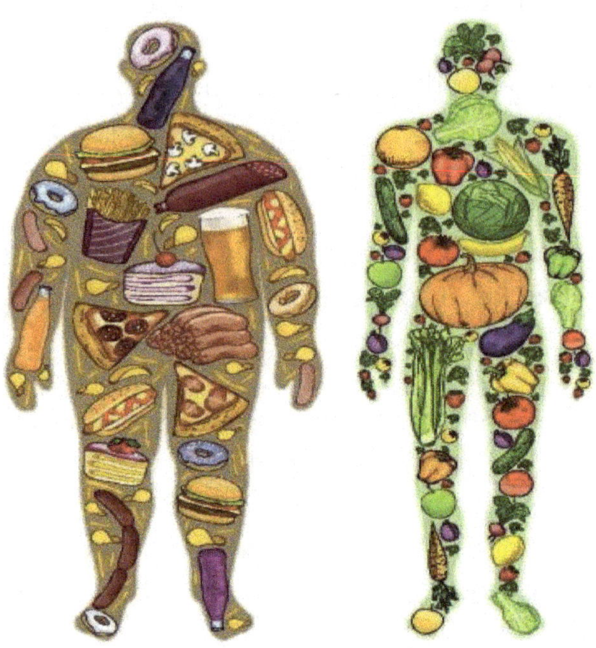

Varieer! Dit geldt voor alles, wissel af tussen verschillende soorten groenten, granen, fruit, vlees, vis, dus wissel af tussen de soorten die je gebruikt, zoals haver, spelt, zuurdesem, rogge en vlees, vis, gevogelte, eieren, etc.

Voor niet-vegetarische of niet-veganistische personen, voeg een combinatie van groenten en vlees/vis/eieren toe aan je maaltijden, of kies voor maaltijdsalades. Vegetariërs of veganisten moeten ook hun dieet variëren en vermijden om dezelfde groenten en fruit elke dag te consumeren.

Vermijd **gefrituurd voedsel**, vooral als je gevoelig bent voor spier- en gewrichtspijn. Het consumeren van voedsel dat is gefrituurd in instabiele of ongezonde oliën kan verschillende negatieve gezondheidseffecten hebben, waaronder een verhoogd risico op het ontwikkelen van ziekten zoals diabetes, hartziekten en obesitas. Het is het beste om gefrituurd voedsel te vermijden of je inname ervan sterk te beperken.

Gebruik zout, maar kies voor **Himalayazout of Keltisch zout**. Deze zouten zijn rijk aan mineralen die essentieel zijn voor je lichaam. Terwijl het belang van water drinken vaak wordt benadrukt, is zoutinname ook cruciaal. Wanneer je lichaam onvoldoende zout heeft, plas je het water samen met essentiële mineralen uit.

Meng eens per dag een halve **theelepel kurkuma**, een snufje zwarte peper en een halve theelepel kaneel met plantaardige melk. Voeg een stukje gehakte gember (of gemberpoeder) en wat honing toe. Deze mix versterkt je immuunsysteem en helpt bij het reinigen van je darmen.

Drink eens per dag het sap van een **limoen of citroen gemengd met baking soda** in lauwwarm water op een lege maag. Dit helpt je darmen te reinigen en verbetert de zuurgraad van je lichaam.

Neem 400 mg **Magnesiumcitraat, L-Threonate of Bisglycinaat** een half uur voor het slapengaan. Dit mineraal heeft een ontspannend effect en voedt de spieren. Weet dat 80% van de mensen die een hartaanval ervaren een tekort aan magnesium hebben.

Vermijd het gebruik van **lightproducten**, omdat deze schadelijk kunnen zijn voor je gezondheid. Deze producten bevatten vaak zoetstoffen zoals aspartaam en andere kunstmatige toevoegingen.

Vermijd **gesuikerde koolzuurhoudende dranken**. Gesuikerde koolzuurhoudende dranken hebben een hoog suikergehalte, (behalve gewoon bruisend mineraalwater), en kunnen ernstige schade aan je lichaam veroorzaken, te beginnen bij je mond vanwege hun zure pH-waarde (bijv. Coca-Cola heeft een pH van 2,4). Koolzuurhoudend water kan ook ghreline verhogen, een hormoon dat honger stimuleert, wat aanleiding kan geven tot snacken.

Als je doel is om af te vallen, beperk jezelf dan tot maximaal drie maaltijden per dag en vermijd tussendoortjes. Zorg er echter voor dat je genoeg eet tijdens deze maaltijden. Te veel calorieën beperken kan eigenlijk leiden tot gewichtstoename in plaats van gewichtsverlies en je lichaam onder druk zetten.
Kies voor crackers in plaats van brood om de inname van koolhydraten te verminderen en neem veel plantaardige eiwitten op in je dieet.

Appelciderazijn heeft verschillende gezondheidsvoordelen:

• Het werkt als een antioxidant, helpt het lichaam te vechten tegen vrije radicalen en celbeschadiging. Het kan het risico op bepaalde soorten kanker, diabetes, hartziekten en ontstekingen van lage kwaliteit verminderen.

• Het toevoegen van 2 eetlepels appelciderazijn aan water (4 eetlepels) kan helpen bij gewichtsverlies, het verminderen van het lichaamsvetpercentage en het aanpakken van hardnekkig buikvet.

• Het kan ook het triglyceridengehalte (vet in het bloed) verlagen.
• Mensen die al diabetesmedicatie of insuline gebruiken, moeten echter het consumeren van appelciderazijn vermijden, omdat dit de bloedsuikerspiegel verder kan verlagen.

• Appelciderazijn kan helpen bij het verbeteren van seizoensgebonden allergieën en het verlagen van de bloeddruk.

• Het nemen van een shot appelciderazijn op een lege maag 's ochtends kan helpen voor gewichtsverlies, het verminderen van honger en ontgifting. Anderen geven er de voorkeur aan om deze mix voor het slapengaan te drinken om de slaapduur te verbeteren.

• De pectine in appelciderazijn kan de groei van gunstige darmbacteriën ondersteunen, wat een gezonde spijsvertering bevordert en intestinale ontstekingen vermindert.

• Het is belangrijk op te merken dat hoewel appelciderazijn veel gezondheidsvoordelen heeft, er ook mogelijke negatieve effecten zijn. Het kan de bloedkaliumspiegels verlagen en het risico op osteoporose verhogen. Wees bovendien voorzichtig met de impact op je tanden. Verdun appelciderazijn altijd met veel water en vermijd direct contact met de huid. Het is raadzaam om niet elke dag appelciderazijn te nemen om de gezondheid van je lever te waarborgen en de goede werking van je organen te ondersteunen.

Bakingsoda heeft verschillende toepassingen en voordelen:

• Het biedt snelle verlichting bij brandend maagzuur. Meng gewoon een halve theelepel bakingsoda met een glas water en drink het. Brandend maagzuur zou binnen 10 minuten moeten verminderen.

• Drink geen bakingsoda vlak voor of vlak na het eten. Je eten heeft een zuur milieu nodig en baking soda maakt je maag basisch.

• De hoge pH-waarde van bakingsoda kan vermoeidheid helpen uitstellen, waardoor je langer op je top kunt presteren tijdens lichaamsbeweging.

• Door het verhogen van de pH-waarde van het lichaam kan bakingsoda de kans op de ontwikkeling van kanker verminderen.

• Het is echter belangrijk om bakingsoda niet te veel te gebruiken. Overmatige consumptie kan het risico op lagere kalium- en chloridegehaltes in het bloed vergroten. Het wordt aanbevolen om bakingsoda om de andere dag te gebruiken en een evenwichtige aanpak te behouden.

Een humoristische anekdote gaat over mijn schoonzus die de doseringsinstructies verkeerd begreep. In plaats van een halve theelepel nam ze een halve eetlepel baking soda, wat resulteerde in overmatig boeren waardoor het voor haar moeilijk was om zonder boeren te praten. Je begrijpt natuurlijk wel hoe hilarisch haar dochter dat vond die mij al lachend belde om het verhaal te vertellen.

HOOFDSTUK 10 Water

Water is onmiskenbaar een van de meest essentiële componenten in ons dagelijks leven. We worden voortdurend herinnerd aan het belang van hydratatie, maar wat met de kwaliteit van het water dat we consumeren? Niet al het water is gelijk, en een snufje Himalaya of Keltisch zeezout toevoegen aan je dagelijkse waterinname kan een wereld van verschil maken.

Laten we eerst praten over het belang van water. Water is het levenselixer, en ons lichaam bestaat voor ongeveer 60% uit water. Het is essentieel voor onze algehele gezondheid, omdat het verschillende lichaamsfuncties ondersteunt, waaronder spijsvertering, circulatie, temperatuurregeling en de verwijdering van afvalstoffen. Uitdroging kan leiden tot een scala van problemen, van vermoeidheid en hoofdpijn tot ernstigere gezondheidsproblemen.

Waarom zou je overwegen om je water te verrijken met Himalaya of Keltisch zeezout? Deze natuurlijke zouten zijn rijk aan essentiële mineralen zoals kalium, magnesium en calcium, die vaak worden onttrokken aan gewoon tafelzout tijdens de verwerking. Wanneer je deze mineraalrijke zouten aan je water toevoegt, verbeter je niet alleen de smaak, maar voorzie je je lichaam ook van essentiële voedingsstoffen.

Hier is waarom je de overstap zou moeten maken:

1. Gebalanceerde Hydratatie: De mineralen in Himalaya en Keltisch zeezout helpen de delicate balans van vloeistoffen in je lichaam te handhaven, wat zorgt voor een juiste hydratatie.

2. Ondersteuning van Elektrolyten: Deze zouten leveren essentiële elektrolyten, cruciaal voor spier- en zenuwfunctie, het voorkomen van krampen, ondersteuning van sportieve prestaties en algehele gezondheid. Elektrolyten zoals natrium, kalium en magnesium zijn afhankelijk van water om een goede balans in het lichaam te handhaven.

3. Spijsverteringsgezondheid: Een snufje natuurlijk zout kan de productie van spijsverteringssappen stimuleren, wat bijdraagt aan een betere spijsvertering en opname van voedingsstoffen en de beweging van voedsel door het spijsverteringssysteem vergemakkelijkt.

4. Regulatie van de Bloeddruk: In tegenstelling tot gangbare misvattingen kan het juiste type zout helpen om de bloeddruk te reguleren, dankzij het gebalanceerde mineraalgehalte.

5. Verbeterde Smaak: Laten we niet vergeten dat de toevoeging van deze zouten de smaak van je water verbetert, waardoor het aangenamer wordt en je aanmoedigt om meer te drinken.

6. Circulatie: Bloed bestaat voornamelijk uit water. Een juiste hydratatie zorgt voor de juiste viscositeit van het bloed, waardoor het soepel kan stromen en zuurstof en voedingsstoffen naar cellen kan transporteren.

7. Regulering van de Lichaamstemperatuur: Zweten en ademhaling zijn vitale mechanismen om de lichaamstemperatuur te handhaven. Water helpt de temperatuur te reguleren door warmte af te voeren wanneer je het warm hebt en warmte vast te houden wanneer je het koud hebt.

8. Uitscheiding: Water is nodig om afvalstoffen en gifstoffen uit het lichaam via urine te spoelen. Voldoende hydratatie ondersteunt de nierfunctie en helpt bij het voorkomen van nierstenen en urineweginfecties.

9. Celwerking: Water is essentieel voor alle cellulaire activiteiten, inclusief het transport van voedingsstoffen, het verwijderen van afval en de productie van energie.

10. Smering van de Gewrichten en Fascia: Een juiste hydratatie is nodig voor de smering van de gewrichten en fascia. Uitdroging kan leiden tot gewrichtspijn en stijfheid.

11. Stofwisseling: Hydratatie is betrokken bij verschillende metabole processen, waaronder de afbraak van koolhydraten en vetten voor energie.

12. Hersenfunctie: De hersenen zijn zeer gevoelig voor veranderingen in hydratatie. Uitdroging kan de cognitieve functie, concentratie en stemming beïnvloeden. Zelfs dementie kan voortkomen uit dehydratie.

13. Gewichtsbeheer: Het drinken van water voor de maaltijden kan de eetlust onder controle houden en de calorie-inname verminderen, wat gunstig is voor gewichtsbeheer.

14. Huidgezondheid: Gehydrateerde huid ziet er gezonder uit en kan zich beter herstellen. Uitdroging kan leiden tot droge, schilferige en verouderd uitziende huid.

15. Ondersteuning van het immuunsysteem: Een juiste hydratatie is belangrijk voor het lymfestelsel, dat helpt bij het verwijderen van gifstoffen uit het lichaam en het immuunsysteem ondersteunt.

16. Spierfunctie: Spieren hebben water nodig om goed te functioneren. Uitdroging kan leiden tot spierkrampen en verminderde fysieke prestaties.

17. Ademhaling: Voldoende vocht in het ademhalingssysteem helpt bij de efficiënte uitwisseling van zuurstof en kooldioxide in de longen.

Samenvattend, water is betrokken bij vrijwel elk aspect van de functies en processen van ons lichaam. Goed gehydrateerd blijven is essentieel voor onze algehele gezondheid en welzijn. Het is belangrijk om dagelijks een voldoende hoeveelheid water te drinken om deze kritieke functies te ondersteunen en een optimale gezondheid te behouden.

Het toevoegen van Himalaya of Keltisch zeezout aan je dagelijkse waterinname is een kleine verandering die een aanzienlijke impact kan hebben op je gezondheid. Het is een investering in je welzijn, waardoor je niet alleen goed gehydrateerd blijft, maar ook wordt gevoed met essentiële mineralen. Dus waarom genoegen nemen met gewoon water wanneer je je dagelijkse hydratatie kunt verrijken met de natuurlijke goedheid van deze zouten?

Op dit moment bevind ik me in Mexico terwijl ik dit boek schrijf, en het warme klimaat hier leidt tot meer zweten, waardoor het noodzakelijk is om dagelijks meer vocht te consumeren.

Omdat de kwaliteit van gebotteld drinkwater hier niet optimaal is, gebruik ik een kristal om het water te zuiveren en de smaak te verbeteren.

Daarnaast kunnen het consumeren van waterrijke vruchten en groenten zoals kokosnoten en komkommers ook bijdragen aan hydratatie, omdat ze aanzienlijke hoeveelheden water en elektrolyten bevatten. (Elektrolyten zijn essentiële mineralen zoals natrium, calcium en kalium die vitale rollen spelen in verschillende lichaamsfuncties).

Kun je te veel water drinken? Te veel van zelfs het meest essentiële element van ons leven, water, kan verrassend schadelijk zijn. Hoewel hydratatie van vitaal belang is, kan een overdaad aan water ernstige gevolgen hebben voor onze gezondheid. Hier is waarom je waakzaam moet zijn over overdreven waterinname:

1. Verstoring van de elektrolytenbalans: Een overmatige inname van water kan leiden tot een verstoring van de balans van elektrolyten in je lichaam, zoals natrium en kalium. Dit kan leiden tot symptomen zoals misselijkheid, braken, hoofdpijn, en in ernstige gevallen, zelfs levensbedreigende elektrolytstoornissen.

2. Overbelasting van de nieren: Je nieren hebben de taak om overtollige vloeistoffen uit je lichaam te filteren en te verwijderen. Wanneer je te veel water drinkt, zet je je nieren onder enorme druk, wat op de lange termijn tot nierschade kan leiden.

3. Verdunning van essentiële voedingsstoffen: Overmatig water drinken kan leiden tot de verdunning van essentiële voedingsstoffen in je lichaam. Dit kan de opname van vitale mineralen en vitaminen verminderen, wat een negatieve invloed heeft op je algehele gezondheid.

4. Hyponatriëmie: Te veel water drinken kan leiden tot hyponatriëmie, een aandoening waarbij het natriumniveau in je bloed gevaarlijk laag wordt. Dit kan leiden tot verwardheid, desoriëntatie, en in ernstige gevallen, toevallen of bewusteloosheid.

5. Gastro-intestinale problemen: Een overdreven inname van water kan leiden tot maagklachten en een verlies van eetlust. Dit kan uiteindelijk leiden tot voedingstekorten en gewichtsverlies.

6. Stress op het hart: Een teveel aan vocht kan de hoeveelheid bloed in je lichaam vergroten, wat leidt tot extra stress op je hart. Dit kan een gevaar vormen voor mensen met een hartaandoening.

Kortom, terwijl hydratatie van cruciaal belang is, is het van essentieel belang om evenwicht te vinden in je waterinname. Overmatig water drinken kan ernstige gezondheidsproblemen veroorzaken. Onder normale omstandigheden is het voldoende om 1,5 tot 2 liter water per dag te drinken. Er is echter een krachtige, eenvoudige manier om ervoor te zorgen dat je lichaam dit waardevolle vocht beter vasthoudt en niet alles in één keer uitspoelt, inclusief essentiële mineralen: voeg een snufje zout toe aan je water. Dit kleine, maar doeltreffende trucje kan een wereld van verschil maken voor je hydratatie en algehele gezondheid. Je gezondheid is kostbaar; zorg ervoor dat je haar beschermt.

HOOFDSTUK 11 Recepten

Broodvervangers:

Pannenkoek:
Prak 1 banaan, klop 2 eieren (of eivervangers zoals No Egg), twee eetlepels geraspte kokos en een snufje Himalayazout. Meng alles samen, doe kokosolie (extra vierge) in een koekenpan en giet het mengsel in de pan. Bak aan één kant, plaats een bord bovenop de pannenkoek en draai hem om, bak dan de andere kant. Je kunt het zo eten of toppings zoals kaneel toevoegen.

Pannenkoek met 75 gram boekweitmeel, 2 dl water, 1 ei en een snufje Himalayazout. Meng alles samen en bak het in kokosolie (extra vierge). Kies zoete of hartige toppings. Je kunt ook een beetje rauw cacaopoeder toevoegen voor variatie.

Crackers:
Lijnzaad/Amandel Crackers:
50 gram gebroken lijnzaad
50 gram amandelmeel
20 gram geraspte Parmezaanse kaas
1 ei
snufje Himalayazout

Meng de ingrediënten samen. Spreid het mengsel uit op bakpapier en snijd in 9 stukken. Bak gedurende 20 minuten in een voorverwarmde oven op 180 graden Celsius. Draai ze om en bak nog eens 10 tot 15 minuten.

Lijnzaad Crackers:
2 eetlepels gebroken lijnzaad
2 eetlepels water
snufje Himalayazout

Giet het water over het lijnzaad en laat het 2 minuten weken. Spreid het mengsel uit op bakpapier. Bak gedurende 20 minuten in een voorverwarmde oven op 180 graden Celsius. Draai ze om en bak nog eens 10 tot 15 minuten.

Avocado Dip:
2 rijpe avocado's
sap van een uitgeperste citroen
1 tomaat
1 ui
1 teentje knoflook
peper en zout
Snijd alles en prak het. Heerlijk op een cracker.

Diverse Ontbijt opties:

• Havermoutpap: Gebruik 4 schepjes havermout met 250 ml plantaardige melk. Verwarm de melk met de havermout. Voeg optioneel kaneel en/of honing/stevia, gojibessen, rauwe cacao nibs en een snufje zout toe.

• Quinoa Pap: Gebruik 2/3 kopje (koffiekopje) quinoa met 200 ml plantaardige melk. Verwarm de melk met de quinoa tot het kookt, verminder dan de hitte en laat het langzaam koken. Voeg optioneel kaneel, honing/ stevia, gojibessen en zout toe.

• Teff Ontbijt (mengsel van Teff-rijst-maïsmeel): Gebruik 3 schepjes in 300 ml plantaardige melk. Verwarm de melk, voeg het Teff Ontbijt op het einde toe. Voeg optioneel honing, kaneel, gojibessen, vers fruit, etc. toe.

• Boekweit Ontbijt: Gebruik 1 schepje boekweit in 200 ml plantaardige melk. Verwarm de melk en voeg de boekweit toe, roer goed met een garde en voeg toe wat je maar lekker vindt.

• Smoothie: Gebruik 200 ml plantaardige melk, 2 stukken vers fruit, 1 eetlepel rauwe chocolade en 1 eetlepel chiazaad.
• 2 Quinoa Wafels (of rijst): Besmeer met tahin, notenboter, hummus, amandelboter, suikervrije jam of appelsiroop. Bestrooi met gebroken lijnzaad.

• Eiwitshake (plantaardig): Gebruik de aanbevolen hoeveelheid poeder, 250 ml plantaardige melk, 1 banaan, 1 schepje chiazaad en 1 schepje geraspte kokos en voor een chocolade eiwitshake voeg een theelepel cacaopoeder toe. Of mix het met groenten.

HOOFDSTUK 12 Smoothies

Groenten smoothies zijn een zegen voor je lichaam. Sinds ik elke dag een groenten smoothie ben gaan maken, heb ik een aanzienlijke verbetering in mijn algehele fitheid opgemerkt. Wanneer ik een week zonder doe, voel ik zeker het verschil. Het is met name gunstig gebleken voor het beheersen van mijn fibromyalgie. Het drinken van groenten smoothies stelt me in staat om een grote hoeveelheid groenten te consumeren die ik anders niet zou kunnen eten. De voordelen zijn talrijk: een stralende huid, verhoogde energie, gewichtsverlies, verbeterd immuunsysteem en meer. En het beste is dat ze heerlijk smaken!

Om groenten smoothies in je routine op te nemen, bereid ze 's ochtends als eerste en maak de gewenste hoeveelheid voor de dag, zoals 1 of 2 liter. Begin je dag met een verfrissend glas smoothie en bewaar het overgebleven deel in een glazen fles of karaf in de koelkast of een koele plek.

Hier zijn enkele tips om de spijsvertering en het genot van je smoothies te verbeteren:

1. Kauw op je smoothie: Neem de tijd om elke slok grondig te kauwen, zodat het goed mengt met je speeksel. Dit helpt bij de juiste spijsvertering van de smoothie en voorkomt dat het als een koude splash in je maag terechtkomt. Vermijd het om in één keer een groot glas smoothie te consumeren, omdat dit te intens kan zijn voor je lichaam.

2. Houd het eenvoudig: Combineer niet te veel verschillende ingrediënten in je smoothie. De beste smoothies bestaan meestal uit een groene bladgroente en (kokos)water. Het toevoegen van talrijke noten, zaden, oliën en supplementen kan de smaak beïnvloeden en het moeilijker maken voor je lichaam om te verteren, wat kan leiden tot een opgeblazen gevoel of buikongemak.

3. Drink je smoothie apart: Geniet apart van je smoothie en je andere maaltijden. Vermijd idealiter eten een half uur voor of na het drinken van je smoothie. Dit zorgt voor optimale spijsvertering en opname van voedingsstoffen uit de smoothie.

4. Focus op bladgroenten: Gebruik alleen bladgroenten, kruiden en hun stelen in je smoothies. Groenten die moeilijker verteerbaar zijn of veel zetmeel bevatten, combineren niet goed met fruit en kunnen de smoothie moeilijker verteerbaar maken. Gebruik geen ingrediënten zoals wortels, bieten, bloemkool, aubergine, bonen en maïs.

5. Beheers de kunst van heerlijke smoothies: Investeer tijd in het leren hoe je super lekkere smoothies kunt bereiden. Wanneer je drankje goed smaakt, kijk je er altijd naar uit om ervan te genieten. Als een smoothie niet aantrekkelijk smaakt, kan je interesse verliezen. Dus verwen je smaakpapillen!

6. Wissel af tussen verschillende soorten groene bladgroenten. Koop bijvoorbeeld een zak spinazie, schakel dan over op postelein en kies later voor sla. De meeste groene bladgroenten bevatten kleine hoeveelheden alkaloïden, die je immuunsysteem versterken. Het consumeren van dezelfde soort bladgroente gedurende een lange periode kan echter specifieke alkaloïden in je lichaam doen opbouwen en je systeem belasten. Dus is het het beste om gevarieerde keuzes te maken. (Alkaloiden zijn chemische componenten die in planten voorkomen die belastend kunnen zijn voor het lichaam).

7. Kies indien mogelijk voor biologisch: Wanneer haalbaar, kies dan voor biologisch fruit en groenten om het innemen van pesticiden en andere schadelijke stoffen te vermijden. Biologische producten hebben doorgaans een hoger voedingsstoffengehalte in vergelijking met conventioneel geteelde varianten. Vanwege overbeplanting en het gebruik van pesticiden is het mineraalgehalte in de bodem uitgeput geraakt, waardoor biologische opties gunstiger zijn voor het behoud van gezondheid. Bovendien is het aan te raden om producten van lokale teelt prioriteit te geven, omdat deze beter aansluiten op ons systeem.

8. Kies voor rijp fruit: Kies fruit dat aan de boom of struik is gerijpt. Veel vruchten, vooral tropische varianten, worden vaak onrijp geplukt. Echter, de natuurlijke omzetting van suikers die plaatsvindt wanneer vruchten aan de boom of struik rijpen, levert essentiële glyconutriënten op die onze cellulaire afweermechanismen ondersteunen. Deze voedingsstoffen dragen bij aan onze algehele weerstand.

HOOFDSTUK 13 Vegetarisch/Veganistisch

Voor de meeste mensen is het normaal om 's avonds vlees te eten. Echter, sommige mensen denken dat vlees eten niet zo gezond is als ooit gedacht. Of ze overwegen het onnodige dierenleed.

Daarom kiezen sommige mensen ervoor om vlees en vis volledig uit hun voedingspatroon weg te laten. Wanneer je geen vlees, gevogelte en vis eet, kun je jezelf vegetariër noemen. Vegetariërs eten vaak nog wel eieren en zuivelproducten. Veganisten gaan een stap verder en vermijden alle dierlijke producten. Zij eten dus geen vlees, vis, eieren of zuivel en kiezen uitsluitend voor plantaardige voedingsmiddelen.

Veganistisch eten

Hoewel veel mensen deze levensstijl om gezondheidsredenen volgen, is ware veganisme eigenlijk een ethische houding. Dit komt omdat mensen willen laten zien dat ze geen dieren hoeven te doden en mishandelen voor hun gebruik. Het is niet alleen een dieet, hoewel het hier wel een grote impact heeft.

Veganisten consumeren geen dierlijke producten meer, en dit geldt niet alleen voor voedsel, maar ook voor kleding, schoenen en persoonlijke verzorgingsproducten. Echter, wanneer we het hebben over veganistisch eten, bedoelen we een dieet dat volledig vrij is van dierlijke producten.

10 Tips voor Veganistisch eten

1. Begin met een open mindset. Er is geen snellere manier om te mislukken dan te beginnen met een negatieve houding. Helaas is dit voor veel mensen moeilijker dan het klinkt. Als je begint met het idee dat veganistisch eten een soort straf zal zijn of dat je het niet lang zult volhouden, is de kans groot dat dit precies zal gebeuren. Oefen dus een open mentaliteit en sta open voor wat er op je pad komt.

2. Geef jezelf extra tijd om thuis te koken, vooral in het begin. Voor de meeste mensen is het bedenken van 100% plantaardige maaltijden een volledig nieuw concept en vereist extra planning en extra tijd in de keuken, zelfs voor een ervaren kok.

3. Kijk eens in je voorraadkast. Heb je kruiden voor vlees, witte rijst, witte pasta en dergelijke? Zo ja, dan benut je niet optimaal de gezondheidsvoordelen van je veganistische dieet. Zorg er altijd voor dat je voorraadkast goed gevuld is met bonen en volle granen, evenals superfoods zoals boerenkool, spinazie en natuurlijk een verscheidenheid aan fruit.

4. Vermijd junkfood. Er zijn genoeg veganistische producten die nog steeds slecht zijn voor je gezondheid. Als je koelkast alleen gevuld is met diepvriespizza's, veganistische vleesvervangers en kant-en-klare maaltijden, zul je niet lang volhouden op een veganistisch dieet. Kies in plaats daarvan voor bevroren groenten en bessen. Op deze manier kun je snel een smakelijke en gezonde maaltijd bereiden.

5. Wanneer je naar de supermarkt gaat, neem de tijd om door de afdeling verse producten te wandelen. Veganistisch eten is de perfecte reden om allerlei groenten te proberen die je nog nooit eerder hebt gegeten. Met een veganistisch dieet bieden groenten uiteindelijk de meeste variatie. Daarom eten veganisten vaak gezonder dan vleeseters, omdat deze beperking hen dwingt om creatievere maaltijden te maken.

6. Wees zelfverzekerd. Er zijn altijd momenten waarop mensen je het gevoel geven dat je moet uitleggen wat je doet en waarom. Uiteindelijk is de westerse wereld zo gewend aan een stuk vlees op hun bord dat het idee van het niet eten ervan vreemd is voor velen. Wees eerlijk over wat je doet en waarom, en zorg ervoor dat je voldoende kennis hebt om te onderbouwen waarom veganistisch eten zo gezond is.

7. Ga niet in discussie met mensen die er niet voor openstaan; dit zal alleen onnodige stress veroorzaken.

8. Als je je huis verlaat, is het essentieel om altijd iets te eten bij je te hebben. Zorg ervoor dat je genoeg snacks voor onderweg hebt. Het is niet zo dat je hongeriger bent omdat je veganistisch eet, maar als je je lunch of diner mist en bijvoorbeeld langer onderweg bent, is de kans groot dat je niets kunt vinden wat past bij je dieet. Wat vers fruit, een goed ingepakte salade of zelfs wat noten zijn ideaal in dergelijke gevallen.

9. Als je een "fout" hebt gemaakt, maak je dan geen zorgen. De sleutel tot een succesvol dieet is een levensstijl die je daadwerkelijk kunt volhouden. Ik weet zeker dat sommige veganisten het hier niet mee eens zullen zijn, maar als je je net realiseert dat je per ongeluk wat boter hebt gegeten of hebt ontdekt dat je schoonouders een gerecht met een beetje melk hebben bereid, besteed er dan niet te veel aandacht aan. Ben je op stedentrip en is er nergens veganistisch eten te vinden? Sterf dan niet van de honger; doe je best. Het moment waarop diëten niet langer leuk is, is wanneer je begint te denken dat het misschien de moeite niet waard is. En dat brengt ons bij het volgende punt...

10. Blijf standvastig. De eerste paar dagen zijn erg moeilijk, maar zodra je gewend bent aan je nieuwe levensstijl, wordt het gemakkelijker en eenvoudiger.

Voedingsstoffen in een veganistisch dieet:

Veel mensen zijn van mening dat een veganistisch dieet tekortschiet in het leveren van essentiële voedingsstoffen. Wanneer je een plantaardig dieet omarmt, bestaan je maaltijden uit een gevarieerde selectie van fruit en groenten, aangevuld met noten en zaden. In theorie zouden deze voedingsmiddelen rijk moeten zijn aan vitamines, mineralen en fytonutriënten, stoffen die bekend staan om hun bevorderende effecten op de gezondheid. Helaas zijn deze natuurlijke bronnen in de huidige wereld vaak tekortgeschoten in essentiële vitamines en mineralen vanwege de verminderde kwaliteit van de bodem waarin ze worden geteeld. Daarom is het essentieel om supplementen op te nemen in je dagelijkse routine om ervoor te zorgen dat je alle benodigde vitamines en mineralen ontvangt.

Veel mensen vragen zich af hoe ze voldoende eiwitten kunnen krijgen als veganist. Voor de gemiddelde persoon is 1 gram per kilogram lichaamsgewicht per dag voldoende, afhankelijk van je levensstijl. Je hebt meer nodig als je zeer actief bent of veel sport. Plantaardig voedsel bevat ook veel eiwitten, vooral broccoli en spinazie zijn echte krachtpatsers, maar ook avocado's, noten, zaden, olijfolie, kokosolie, cacao en hennep. Als veganist heb je een supplement nodig, namelijk B12. Normaal gesproken wordt deze voedingsstof geproduceerd door bacteriën in de bodem. Onze groenten worden echter gekweekt met verschillende pesticiden, waardoor we op deze manier niet genoeg B12 binnenkrijgen. Een supplement is dan noodzakelijk!

Je kunt er ook voor kiezen om vitamine D te nemen. Praktisch iedereen heeft een vitamine D-tekort. Als je je exacte niveau wilt weten, kun je een bloedtest aanvragen bij je huisarts. Vitamine D heeft vele functies in je lichaam en is zeker van groot belang om dagelijks in te nemen.

Het is ook belangrijk om voorzichtig te zijn met betrekking tot je koolhydraat- en fruitconsumptie. Hoewel groenten ongetwijfeld een gezonde keuze zijn, is het cruciaal om te erkennen dat je hun gezondheidsvoordelen kunt versterken door je koolhydraatinname te matigen.

Hier is waarom een bewuste benadering van koolhydraten essentieel is:

1. Gebalanceerde Voeding: Om een evenwichtige voeding te behouden, is het belangrijk om een balans te vinden tussen koolhydraten, eiwitten en gezonde vetten. Een overmatige inname van koolhydraten kan dit evenwicht verstoren en invloed hebben op je algehele gezondheid.

2. Beheer van Bloedsuikerspiegel: Het monitoren van je koolhydraatinname, vooral uit bronnen zoals fruit, kan helpen bij het beheersen van stabiele bloedsuikerspiegels. Dit is essentieel voor energieregulatie en het voorkomen van energiedips.

3. Gewichtsbeheer: Het controleren van je koolhydraatinname is vaak de sleutel tot effectief gewichtsbeheer. Het kan onnodige calorie-inname voorkomen en je gezondheids- en fitnessdoelen ondersteunen. Door bewust om te gaan met je koolhydraat- en fruitconsumptie maak je een bewuste keuze om de gezondheidseffecten van je dieet te optimaliseren.

Kortom, het beperken van je dagelijkse koolhydraatinname tot 50 gram of minder is een cruciale stap om een gezonder en evenwichtiger dieet te bereiken. Hiermee kun je effectief je insulinespiegels beheren, gewichtsbeheersing ondersteunen en het risico op chronische ziekten verminderen. Omarm deze dieetaanpassing voor een gezondere, gelukkigere en levendigere versie van jezelf.

Veganistisch eten: Een Voorbeeldmenu

Hieronder heb ik een gebalanceerd voorbeeld voor je samengesteld, zodat je een idee krijgt van hoe jouw dag eruit zou kunnen zien.

Ontbijt:
• 1 kopje havermout
• 1 eetlepel gemalen lijnzaad
• 1 eetlepel tahini (of amandelboter)
• 1 banaan
• 2 gedroogde dadels

Kook de havermout met voldoende water en de in stukjes gesneden dadels. Meng met lijnzaad en tahin.

Lunch:
• Een maaltijdsalade van gestoomde courgette en knoflook met 1 kopje witte bonen (of boterbonen) op een bedje van sla.
• 1 gebakken zoete aardappel gevuld met een handvol verse gestoomde spinazie, een handvol kikkererwten en een dressing gemaakt van 1 eetlepel tahin vermengd met citroensap.

Diner:
• 1 kopje gekookte bruine rijst met broccoli en 1/4 kopje verse hummus (voor de hummus, meng een blik kikkererwten, 2 teentjes knoflook, 2 eetlepels tahin, sap van 1 citroen, een snufje gemalen komijn, en zout en peper naar smaak).

• 1 of 2 stukjes vers fruit als dessert.

Snacks bestaan meestal uit vers fruit of groentesticks met hummus. Zoals je kunt zien, kan een veganistisch dieet ook erg lekker zijn. Het bovenstaande menu (exclusief snacks!) bevat 1770 kcal, 64 gram vezels (bijna 3 keer de aanbevolen minimumhoeveelheid!), 66 gram eiwit en 35 gram gezonde vetten. Dit menu kan natuurlijk worden aangepast aan je smaak, maar is ideaal voor gewichtsverlies, vooral in combinatie met extra lichaamsbeweging. En als je niet wilt afvallen, vergroot dan de portiegroottes of voeg wat extra's toe.

Dus wat kun je eten als je veganist wordt? • Alle groenten • Kiemen • Alle peulvruchten • Alle soorten fruit • Zoete aardappelen • Havermout • Alle volle granen (bij voorkeur geen tarwe). • Bruine rijst, volkorenrijst, notenrijst. • Volkorenpasta (met mate). Tegenwoordig zijn er veel alternatieve pasta's gemaakt van erwten of linzen. • Couscous • Bulgur • Paddestoelen • Alle superfoods • Dadels, vijgen, abrikozen, enz. • Kokosnoot • Amandelboter • Notenboter • Tahin • Hummus • Jam • Appelsiroop • Rijstwafels of speltwafels • Noten, zaden en pitten. • Zeewier • Plantaardige melk • Kruiden • Extra vierge kokosolie • Lindt en Tony's pure chocolade (bevat geen melk) • Ei-vervanger "No Egg" voor recepten waarin ei nodig is.

Er is ongetwijfeld veel meer mogelijk; je kunt online zoeken of een veganistisch kookboek kopen.

HOOFDSTUK 14 Koolhydratenarm diëet

De Krachtige Impact van Keto Diëten

In de zoektocht naar ingrijpende gezondheidstransformaties zijn keto diëten naar voren gekomen als een krachtige katalysator, die de manier waarop we ons lichaam voeden en ons leven revolutioneert. Dit hoofdstuk duikt dieper in de essentie van een ketogeen (keto) dieet, verkent de complexiteit ervan, de domeinen waarin het gedijt, het preventieve en helende potentieel, en de overvloedige aanbiedingen die je bord moeten sieren.

De Essentie van Keto Diëten

Een ketogeen dieet, of kortweg keto dieet, is een uitzonderlijk koolhydraatarm dieet dat de inname van koolhydraten minimaliseert en de nadruk legt op vetten en matige eiwitten. Het belangrijkste doel is het induceren van een toestand van ketose, waarbij het lichaam voornamelijk vet verbrandt voor energie in plaats van glucose afkomstig van koolhydraten. In deze metabole toestand zet de lever vet om in ketonen, die dienen als een krachtige energiebron voor het lichaam en de hersenen.

Gewichtsverlies en Vetmetabolisme:
Keto diëten hebben brede erkenning gekregen voor hun ongeëvenaarde effectiviteit bij gewichtsbeheer. Door koolhydraatinname drastisch te beperken, veroorzaken ze ketose, waardoor het lichaam zijn vetreserves aanspreekt voor

energie. Deze vetverbrandingscapaciteit leidt tot aanzienlijk gewichtsverlies, vooral bij mensen met hardnekkig overtollig vet.

Bloedsuikercontrole en Diabetesmanagement:

Voor mensen met diabetes, vooral type 2-diabetes, bieden keto diëten een reddingsboei. De scherpe vermindering van de koolhydraatinname helpt bij het reguleren van de bloedsuikerspiegel, minimaliseert insulinepieken en bevordert de glycemische controle.

Verbeterde Cognitieve Functie:

Het ketogene dieet biedt een schat aan neurologische voordelen. De geproduceerde ketonen dienen als een efficiënte brandstof voor de hersenen, wat leidt tot verhoogde cognitieve helderheid en focus. Het heeft veelbelovende resultaten getoond bij de behandeling van neurologische aandoeningen zoals epilepsie en de ziekte van Alzheimer.

Preventie en Helend Potentieel:

Preventie van chronische ziekten:

Keto diëten zijn een krachtige verdediging tegen chronische ziekten. Door de stabilisatie van bloedsuiker- en insulinespiegels verminderen ze het risico op type 2-diabetes, het metaboolsyndroom en hart- en vaatziekten. Bovendien minimaliseert de verminderde koolhydraatinname het risico op obesitas, een voorloper van talloze gezondheidscomplicaties.

Behandeling van Metaboolsyndroom:

Keto diëten bieden verlichting voor mensen die worstelen met het metaboolsyndroom, een cluster van aandoeningen bestaande uit obesitas, hypertensie en afwijkende lipidenprofielen. Door deze risicofactoren aan te pakken, banen keto diëten de weg voor het verminderen van de schadelijke effecten van het syndroom.

Beheer van Epilepsie:

Op het gebied van epilepsie zijn keto diëten naar voren gekomen als een krachtig therapeutisch hulpmiddel, vooral bij gevallen die resistent zijn tegen medicijnen. Het ketogene dieet wordt al tientallen jaren met succes gebruikt als een krachtige behandeling voor epilepsie, vooral bij kinderen.

Je Keto Bord Navigeren

Op een keto dieet wordt je bord een canvas voor voedzame, onbewerkte voedingsmiddelen die je lichaam voeden en je in ketose brengen.

Een typisch keto dieet omvat:
• Overvloed aan Gezonde Vetten: Avocado, olijfolie, kokosolie en vette vis.
• Volle Eiwitten: Gevogelte, vis, vlees en plantaardige eiwitten en eieren.
• Niet-Zetmeelrijke Groenten: Bladgroenten, broccoli, bloemkool en andere
  koolhydraatarme groenten.
• Beperkte Vruchten met Weinig Suiker: Bessen, aardbeien, bramen en frambozen.
• Minimale Volkoren: Met nadruk op vezelrijke opties zoals chiazaden, lijnzaad en
hennepzaad.

Conclusie:

De kracht van keto diëten ligt in hun vermogen om opmerkelijke levensveranderingen teweeg te brengen. Door de koolhydraatinname tot een minimum te beperken en tegelijkertijd te kiezen voor gezonde, onbewerkte voedingsmiddelen, openen ze de poort naar gewichtsverlies, bloedsuikercontrole en de preventie van chronische ziekten. Of je nu op zoek bent om gewicht te verliezen, diabetes te overwinnen of je algehele welzijn te verbeteren, een zorgvuldig op maat gemaakt keto dieet kan je voertuig zijn naar een stralende toekomst. De reis naar een gezondere jij begint met één keuze - kies verstandig.

HOOFDSTUK 15 Ontstekingsremmende voeding

Het Belang van Ontstekingsremmende Voeding voor een Gezond Leven

Een gezond dieet is essentieel voor het behoud van een goede gezondheid en welzijn. Een van de belangrijkste aspecten van een gezond dieet is het vermogen om ontstekingen in het lichaam te verminderen. Ontstekingen zijn natuurlijke reacties van het immuunsysteem op schadelijke prikkels zoals infecties, verwondingen en stress. Echter, wanneer ontstekingen chronisch worden, kunnen ze leiden tot ernstige gezondheidsproblemen. Daarom is ontstekingsremmende voeding zo belangrijk voor het bevorderen en behouden van een gezond leven.

Wat zijn ontstekingen en waarom zijn ze schadelijk?

Ontstekingen zijn de manier waarop het lichaam reageert op schade en infectie. Kortdurende ontstekingen zijn cruciaal voor het herstelproces en beschermen het lichaam tegen ziekteverwekkers. Echter, wanneer ontstekingen chronisch worden en voortduren, kunnen ze schade aan gezonde cellen en weefsels veroorzaken. Dit wordt in verband gebracht met een breed scala aan gezondheidsproblemen, waaronder hartziekten, diabetes, obesitas, auto-immuunziekten en zelfs bepaalde vormen van kanker.

De rol van voeding bij ontstekingen

Voeding speelt een cruciale rol bij het al dan niet veroorzaken of onderdrukken van ontstekingen in het lichaam. Sommige voedingsmiddelen hebben ontstekingsbevorderende eigenschappen, terwijl andere juist ontstekingsremmend zijn. Ontstekingsremmende voeding bevat voedingsstoffen en verbindingen die het lichaam helpen om ontstekingen te verminderen en onder controle te houden.

Belangrijke componenten van ontstekingsremmende voeding:

1. Omega-3 vetzuren: Vette vis, zoals zalm en haring, noten en zaden zoals lijnzaad en chiazaad, zijn rijk aan omega-3 vetzuren. Deze vetzuren hebben krachtige ontstekingsremmende eigenschappen en kunnen de productie van ontstekingsbevorderende stoffen verminderen.

2.Antioxidanten: Groenten en fruit zitten vol met antioxidanten, zoals vitamine C, vitamine E, en flavonoïden. Deze stoffen beschermen de cellen tegen oxidatieve stress en verminderen ontstekingen door schadelijke vrije radicalen te neutraliseren.

3. Polyfenolen: Voedingsmiddelen zoals groene thee, olijfolie en rode druiven bevatten polyfenolen, die ontstekingsremmende en antioxidante eigenschappen hebben. Ze kunnen helpen bij het verminderen van ontstekingen en het ondersteunen van een gezond immuunsysteem.

4. Kurkuma: Dit specerij bevat curcumine, een krachtige ontstekingsremmende stof. Kurkuma wordt al eeuwenlang gebruikt in traditionele geneeskunde vanwege zijn vele gezondheidsvoordelen, waaronder het vermogen om ontstekingen te verminderen.

5. Vezels: Vezelrijke voedingsmiddelen zoals volle granen, peulvruchten, groenten en fruit hebben niet alleen gunstige effecten op de spijsvertering, maar kunnen ook helpen bij het verminderen van ontstekingen. Ze voeden gezonde darmbacteriën, wat op zijn beurt het immuunsysteem en ontstekingsprocessen reguleert.

Voordelen van ontstekingsremmende voeding:

Het volgen van een dieet dat rijk is aan ontstekingsremmende voedingsmiddelen kan talloze voordelen hebben voor de gezondheid, waaronder:

• **Verminderd risico op chronische ziekten:** Ontstekingen zijn een belangrijke factor bij de ontwikkeling van hart- en vaatziekten, diabetes type 2, obesitas en andere chronische aandoeningen.

• **Verbeterde spijsvertering:** Wanneer de ontstekingen in de darmen afnemen, kunnen voedingsstoffen beter worden opgenomen. Dit kan bijdragen aan een minder opgeblazen gevoel en een verbeterde spijsvertering.

• **Ondersteuning van het immuunsysteem:** Ontstekingsremmende voeding kan het immuunsysteem versterken en helpen bij het afweren van infecties.

Ontstekingsremmende voeding:

1. Gember
Het werkt als een natuurlijke beschermer tegen voedselvergiftiging, zeeziekte of reisziekte. Als je je misselijk voelt tijdens je zwangerschap, kan het een oplossing bieden. Gember stimuleert de productie van maagsap en draagt bij aan het verminderen van laaggradige ontstekingen. Mijn favoriete ochtenddrankje is warm water met uitgeperst citroen-/limoensap, gemberpoeder (krachtiger dan verse gember), Ceylon kaneel, kruidnagels en komijn. Ik laat dit 10 minuten trekken en voeg dan honing toe. Ik voeg de honing pas toe als de thee goed is afgekoeld. Honing toevoegen wanneer het water net heeft gekookt, vernietigt de enzymen in de honing. Deze drank versterkt je immuunsysteem, verlaagt ontstekingen, activeert je spijsvertering en lost slijm op in je darmen.

2. Knoflook Het is het beste om knoflook te pletten, omdat dit een chemische reactie op gang brengt. De verbinding alliïne wordt omgezet in allicine, dat actief is tegen bacteriën, schimmels en virussen. Het draagt ook bij aan de verwijdering van zware metalen uit je lichaam. Knoflook heeft ontstekingsremmende, cholesterolverlagende en immuunversterkende effecten. Er is ook zwarte knoflook, die drie keer zoveel antioxidanten bevat. Het heeft een compleet andere smaak, enigszins zoet.

3. Uien en sjalotten Uien verlagen de bloeddruk en worden gebruikt bij de behandeling van verschillende longziekten zoals bronchitis en astma. Ze neutraliseren bacteriën in je mond en dragen bij aan sterkere botten en bindweefsel.

Toen ik als kind verkouden was, legde mijn moeder op advies van mijn grootmoeder een ui naast mijn bed. Telkens als ik keelpijn had, bond mijn moeder de sok die ik die dag had gedragen om mijn nek. En het werkte echt!

4. Rauwe Honing Donkere rauwe honing, die niet is verhit, heeft krachtige antibacteriële eigenschappen. Het werkt goed op huidwonden, inclusief brandwonden en blaren, en helpt ook je mond vrij te maken van bacteriën. Het kan helpen tandvleesontsteking te voorkomen en tandplak te verminderen. De beste honing is Manuka-honing uit Nieuw-Zeeland. Het is verkrijgbaar in verschillende kwaliteiten, dus zorg ervoor dat het een hoge kwaliteit heeft voordat je het koopt en dat je niet te veel betaalt voor de naam Manuka. Honing kan effectief zijn bij verschillende infecties en ontstekingen, waaronder de lastige Helicobacter pylori-bacterie. Verhit honing nooit te heet, want dit vernietigt de belangrijke enzymen in honing en vermindert de effectiviteit ervan. De beste honing naast Manuka is de honing uit je eigen buurt. Rauwe, lokale honing bevat een mix van lokale pollen, die het immuunsysteem van een persoon kunnen versterken en pollenallergie symptomen verminderen.

5. Ceylon Kaneel Een kruid dat de hersenen stimuleert en helpt bij verkoudheid, blaasontsteking, hoog cholesterol, buikpijn en slechte adem. Gebruik altijd kaneel met honing, omdat deze combinatie elkaars voordelen versterkt. Gebruik niet te veel kaneel, maximaal twee theelepels per dag, want het kan de nieren belasten. Tijdens de zwangerschap kun je beter de eerste drie maanden kaneel vermijden, omdat het coumarine bevat, dat mogelijk schadelijk kan zijn in deze periode.

6. Extra Vierge Kokosolie Kokosolie werd lange tijd bekritiseerd omdat werd gedacht dat het verzadigde vetgehalte ervan het cholesterolgehalte verhoogde, wat als slecht werd beschouwd voor het hart en de bloedvaten. Er werd ook gedacht dat het bijdroeg aan gewichtstoename. Nieuwe inzichten suggereren echter dat een hoog cholesterol niet zo schadelijk is voor het hart en de bloedvaten als de hoge inname van suiker en snelle koolhydraten. Kokosolie bevat een ander type verzadigd vet (middellange keten vetzuren) dat energie levert zonder gewichtstoename te veroorzaken. Het laurinezuur in kokosolie bestrijdt bacteriën, schimmels en virussen en ondersteunt een gezonde darmflora. Het kan geconsumeerd worden of topisch op de huid worden gebruikt. Kokosolie is geschikt om te bakken en kan hoge hitte verdragen zonder structurele veranderingen te ondergaan.

7. Kurkuma Dit kruid wordt al lang hoog gewaardeerd in de oude Chinese geneeskunde vanwege zijn pijnstillende en ontstekingsremmende eigenschappen. Het staat nauw in verband met gember. Kurkuma kan zowel intern als extern worden gebruikt om reumatische klachten en aandoeningen van maag, darmen en cardiovasculair systeem te verlichten. Het is belangrijk op te merken dat hart- en vaatziekten een inflammatoire aandoening zijn. Kurkuma heeft ook een antibacterieel effect op hardnekkige bacteriën. Het actieve ingrediënt in kurkuma is curcumine, een krachtige antioxidant. Net als gember is kurkuma uiterst nuttig bij de preventie en bestrijding van kanker. Voor een betere opname, gebruik kurkuma samen met verse zwarte peper.

8. Oregano Oregano is ontstekingsremmend, schimmelwerend, antibacterieel en effectief tegen parasieten. Net als gember en kurkuma behoort het tot de lijst van kruiden en specerijen met anti-kanker eigenschappen. De essentiële oliën in oregano, zoals thymol en carvacrol, hebben sterke schimmelwerende en antiseptische eigenschappen. Het kan worden gebruikt bij candida-infecties. Oregano is een kruid dat ontspanning bevordert en antioxidant eigenschappen bezit. Voor therapeutisch gebruik, kies therapeutische wilde oregano olie met minstens 70% carvacrol (niet geschikt voor zwangere vrouwen).

9. Kruidnagel Kruidnagels zijn krachtige bestrijders van infecties en worden gebruikt bij wortelkanaalbehandelingen. Het actieve ingrediënt eugenol heeft antiseptische eigenschappen. Net als bij oregano is het effect krachtiger wanneer het tot een geconcentreerde olie wordt verwerkt. Kruidnagels werken ook tegen schimmels en schimmelnagels.

10. Groene thee Groene thee is rijk aan antioxidanten, zoals catechines, die ontstekingsremmende effecten kunnen hebben.

Supplementen die ontstekingsremmend werken:

Er zijn verschillende voedingssupplementen die ontstekingsremmende eigenschappen hebben en kunnen bijdragen aan het verminderen van ontstekingen in het lichaam. Hier zijn enkele van deze supplementen:

1. Kurkuma (Curcumine): Kurkuma is een kruid dat curcumine bevat, een stof met sterke ontstekingsremmende eigenschappen. Curcumine kan helpen bij het verminderen van ontstekingsmarkers in het lichaam.

2. Omega-3 Vetzuren: Omega-3 vetzuren, zoals die worden aangetroffen in visolie, zijn bekend om hun ontstekingsremmende effecten. Ze kunnen helpen bij het balanceren van ontstekingsreacties in het lichaam

3. Gember: Gember bevat verbindingen genaamd gingerolen die ontstekingsremmende eigenschappen hebben. Gember kan helpen bij het verminderen van ontsteking en pijn.

4. Vitamine D: Vitamine D speelt een rol bij het reguleren van ontstekingsreacties in het lichaam. Een tekort aan vitamine D wordt geassocieerd met chronische ontstekingsaandoeningen.

5. Resveratrol: Resveratrol is een polyfenol dat wordt aangetroffen in rode druiven en rode wijn. Het heeft ontstekingsremmende en antioxidanten eigenschappen.

6. Boswellia Serrata: Dit kruid staat ook wel bekend als wierook en bevat verbindingen die ontstekingsremmend kunnen werken, vooral bij aandoeningen zoals artritis.

7. Quercetine: Quercetine is een flavonoïde dat ontstekingsremmende eigenschappen heeft en kan helpen bij het verminderen van ontsteking en allergische reacties.

8. Vitamine C: Vitamine C is een krachtige antioxidant en kan helpen bij het verminderen van ontstekingen door vrije radicalen te neutraliseren.

9. Bromelaïne: Dit enzym wordt vaak aangetroffen in ananas en heeft ontstekingsremmende eigenschappen die kunnen helpen bij het verminderen van ontstekingen en zwelling.

10. N-Acetyl-L-Cysteine: NAC, is een krachtige antioxidant. Het helpt vrije radicalen in het lichaam te neutraliseren en kan daardoor oxidatieve stress verminderen. Dit kan bijdragen aan de bescherming van cellen en weefsels tegen schade.

Conclusie:

Ontstekingen spelen een complexe rol in het lichaam, maar het is duidelijk dat chronische ontstekingen schadelijk kunnen zijn voor de gezondheid. Gelukkig kunnen we veel doen om ontstekingen onder controle te houden door middel van een gezond dieet. Zoals je hebt kunnen lezen zijn er zowel in voeding als in suppletie voldoende mogelijkheden om ontstekingen onder controle te houden. Het benadrukken van ontstekingsremmende voeding, zoals omega-3 vetzuren, antioxidanten, polyfenolen, kurkuma en vezels, kan bijdragen aan het verminderen van ontstekingen en het bevorderen van een gezond en vitaal leven. Het maken van bewuste voedingskeuzes is een krachtig instrument dat ons in staat stelt om onze gezondheid en welzijn te beschermen op de lange termijn.

HOOFDSTUK 16 Verzuren en ontgiften

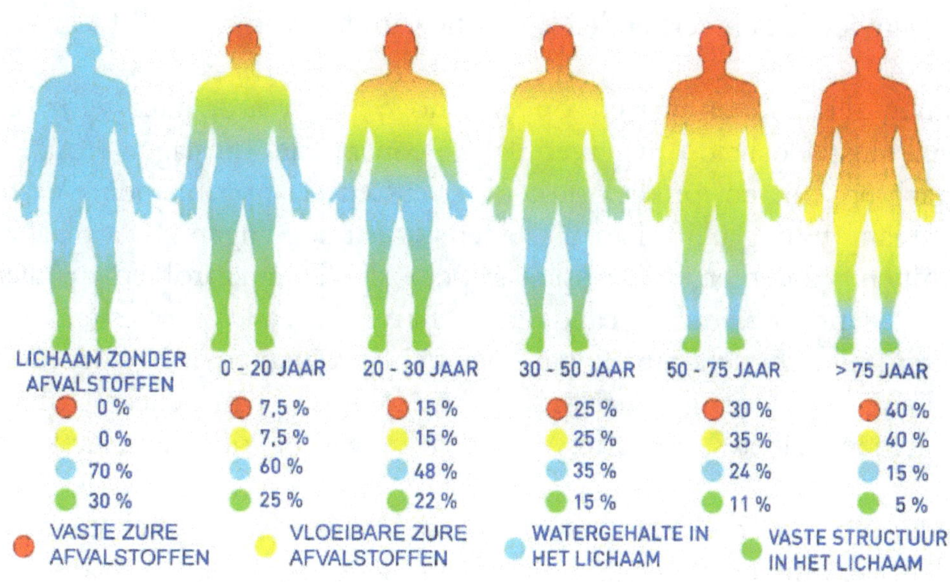

Verzuring treedt op in het lichaam wanneer er een verstoring is in de zuur-base balans, wat betekent dat er meer zuren aanwezig zijn dan basen. De alkalische (basische) reserves raken uitgeput, wat leidt tot een ophoping van zuren. De verhouding tussen zuren en basen wordt bepaald door de pH-waarde in lichaamsvloeistoffen.

Metabole acidose wordt gekenmerkt door een lage pH (< 7.4) van het bloed, die kan worden veroorzaakt door een teveel aan zure stoffen of een tekort aan basische stoffen.

Verzuring treft iedereen en is moeilijk te vermijden, vooral vanwege onze westerse levensstijl, die gepaard gaat met de consumptie van overmatige hoeveelheden verzurende stoffen. Daarnaast worden er tijdens de stofwisseling zure bijproducten geproduceerd. Zelfs kleine schommelingen in de pH-waarde kunnen leiden tot ongewenste verstoringen in de cellen en stofwisseling van het lichaam. Het handhaven van een gezonde darmflora wordt beschouwd als een van de belangrijkste factoren bij het ondersteunen van de pH-balans van het lichaam. Kwaadaardige bacteriën en schimmels deponeren hun zure afval in het lichaam, wat bijdraagt aan verzuring.

Er zijn verschillende oorzaken van verzuring. Sommige hebben te maken met onze eet- en drinkgewoonten, zoals een slecht dieet, overmatig alcohol- en suikergebruik. Andere zijn gerelateerd aan onze levensstijlkeuzes, inclusief gebrek aan lichaamsbeweging, roken, crashdiëten en overmatige sportactiviteiten. Er zijn echter ook oorzaken buiten onze controle, zoals veroudering, stress, omgevingsinvloeden en verminderde functie van de lever, nieren of longen.

Symptomen die kunnen wijzen op een hoge pH-waarde zijn vermoeidheid, hoofdpijn, lusteloosheid, hyperventilatie, constipatie, beslagen tong, maag-/darmklachten, boeren, prikkelbaarheid, stress en slaapproblemen. Als de pH-waarde te lang te laag blijft, kan dit leiden tot aandoeningen zoals maagzweren, spierkrampen/ spasmen, depressie, slapeloosheid, huidproblemen/allergieën, haaruitval, tandproblemen, candida, schimmelinfecties, obesitas, COPD, longziekten, gewichtsschommelingen, gewrichtsproblemen, verminderde libido, vroegtijdige veroudering, artrose, jicht, reuma, lymfoedeem, hart- en vaatproblemen, diabetes, beroerte, MS, de ziekte van Parkinson en kanker.

Verzurende voedingsmiddelen zijn onder andere kaas, peulvruchten, vis, vlees, granen, zuivelproducten, alcohol, koffie, suiker, kunstmatige zoetstoffen en bewerkte voedingsmiddelen. Het consumeren van deze voedingsmiddelen verstoort de zuurgraad in het lichaam. Een alkalisch dieet kan helpen om de zuurbalans te herstellen. Dit dieet is voornamelijk vegetarisch en legt de nadruk op verse groenten, fruit, kruiden, kruidenthee, probiotica, zuurdesembrood en koudgeperste olie.

Het is belangrijk om voldoende schoon en gefilterd water te drinken, bij voorkeur met een 1/2 theelepel natriumbicarbonaat (bakingsoda) voordat je naar bed gaat, gecombineerd met een halve citroen voor nog betere resultaten. Neem bakingsoda nooit samen met voeding. Voor het verteren van je voeding heb je een zuur milieu nodig, bakingsoda maakt je maagzuur alkalisch. Het beste is om het twee uur voor of na het eten in te nemen. Om verzuring te voorkomen is het belangrijk om voor 19.00 uur te eten, voor 23.00 uur te gaan slapen en zeker 7 tot 8 uur slaap te hebben.

Het Belang van ontgiften: Reinig je Lichaam en Versterk je Gezondheid

In onze moderne levensstijl worden we dagelijks blootgesteld aan talloze toxines en verontreinigende stoffen. Van luchtvervuiling en bewerkte voedingsmiddelen tot stress en chemische stoffen in huishoudelijke producten, ons lichaam heeft steeds meer moeite om zichzelf te ontgiften. Dit maakt ontgiften een essentieel onderdeel van het behouden van een optimale gezondheid. Ontdek waarom ontgiften belangrijk is en leer over verschillende manieren om je lichaam te ontdoen van schadelijke stoffen.

Waarom ontgiften?

Verwijdering van Toxines: ontgiften helpt bij het elimineren van opgebouwde gifstoffen en verontreinigende stoffen in ons lichaam. Dit bevordert een gezonde werking van onze organen en systemen.

Verbeterde Spijsvertering: Door te ontgiften geef je je spijsverteringsstelsel een pauze, waardoor het de kans krijgt om te herstellen en efficiënter te werken.

Boost voor het Immuunsysteem: Een gereinigd lichaam heeft een sterker immuunsysteem, dat beter in staat is om infecties en ziekten af te weren.

Meer Energie: ontgiften kan je energieniveaus verhogen doordat je lichaam niet langer overbelast wordt door toxines.

Huidverbetering: Een schone binnenkant weerspiegelt zich in een stralende huid. Detoxen kan helpen bij het verminderen van huidproblemen zoals acne en eczeem.

Gewichtsbeheersing: ontgiften kan helpen bij het verminderen van overtollig gewicht door het verwijderen van opgeslagen afvalstoffen.

Manieren om te ontgiften:

Gezond Dieet: Eet voedingsmiddelen die rijk zijn aan voedingsstoffen, vezels en antioxidanten. Vermijd bewerkte voedingsmiddelen, suiker en verzadigde vetten.

Hydratatie: Drink voldoende water om gifstoffen weg te spoelen. Voeg citroen toe aan je water voor extra ontgiftende voordelen en een snufje Himalaya of Celtic zee zout om het vocht in je cellen te houden.

Kruidenthee: Kruiden zoals groene thee, paardenbloem en gember kunnen helpen bij het ontgiften van je lichaam.

Vasten: Periodiek vasten kan je spijsverteringssysteem resetten en je lichaam helpen toxines te verwijderen. (zie hoofdstuk 21)

Sapvasten: Gedurende een bepaalde periode alleen verse sappen consumeren kan je lichaam ontgiften en rust geven. Ook 3 dagen alleen maar watermeloen eten is een super ontgifter voor je lichaam.

Beweging: Regelmatige lichaamsbeweging stimuleert de bloedcirculatie en zweetproductie, wat kan bijdragen aan ontgiften.

Sauna en Stoombaden: Zweet helpt bij het verwijderen van toxines. Sauna's en stoombaden kunnen dit proces ondersteunen.

Ademhalingsoefeningen: Diepe ademhaling en yoga kunnen helpen bij het ontgiften van het lichaam. Op YouTube kun je video's vinden over bijvoorbeeld de Wim Hof methode of Soma breathing.

Supplementen: Overleg met een professional voordat je ontgifting-supplementen gebruikt, zoals spirulina, chlorella, zeoliet of castor olie.

Ontgiften is geen tijdelijke trend, maar eerder een noodzakelijke routine om je lichaam te beschermen tegen de dagelijkse belasting van gifstoffen.

Door bewuste keuzes te maken in je dieet en levensstijl, kun je je lichaam ondersteunen bij het natuurlijke proces van ontgiften en zo je algehele gezondheid verbeteren. Onthoud echter dat het altijd verstandig is om medisch advies in te winnen voordat je aan een ontgiftingsprogramma begint.

HOOFDSTUK 17 Bottenbouillon/Collageen

Bottenbouillon biedt talrijke voordelen:

Het helpt bij **het genezen van de darmen, vermindert ontstekingen en bevordert vetverbranding**. Het kan **gewrichtspijn verlichten**, inclusief symptomen van **artritis**, en de kwaliteit van de **slaap verbeteren**. Wanneer dagelijks geconsumeerd, kun je binnen de eerste week positieve veranderingen opmerken, zoals verhoogde energie en verbeterde darmgezondheid binnen 7-14 dagen.

De gelatine die aanwezig is in bottenbouillon is bijzonder gunstig voor mensen met het **lekkende darmsyndroom**. Het helpt de poreuze darmwand te verzegelen, wat leidt tot verlichting van chronische diarree, obstipatie en sommige voedselintoleranties.

Het starten van een **bottenbouillon reiniging** biedt een uitstekende kans om je systeem te resetten, je spijsvertering even rust te gunnen en de genezing van de darmen te bevorderen. Zelfs één dag of een paar dagen bottenbouillon reinigen kan voordelen bieden voor je lichaam. Het is herstellend, hydraterend en kan voor 2 dagen of zelfs maar één dag worden gedaan. De reiniging omvat het consumeren van 6 koppen bouillon gedurende de dag en het hebben van een lichte avondmaaltijd met eiwitten, vetten en vezels. Het is ook uitstekend voor leverreiniging. Het helpt ontstekingen te verminderen, gifstoffen te elimineren en helpt ook bij gewichtsverlies.

Het wordt beschouwd als een **superfood** vanwege het bereidingsproces, waarbij mineralen en eiwitten uit de botten worden geëxtraheerd, wat de basis vormt van de soep. Het bevat collageen, een gelatineachtige stof die tal van voordelen biedt.

Het bevat gelatine, wat helpt bij het genezen van de darmwand en is rijk aan **aminozuren zoals glutamine, glycine en proline.** Het wordt aanbevolen om minstens 3 koppen bottenbouillon per dag te consumeren, bij voorkeur de eerste op een lege maag 's ochtends.

De hoge niveaus van glutamine in bottenbouillon, samen met het glycinegehalte, dragen bij aan een **betere slaapkwaliteit.** Glycine, wanneer voor het slapengaan geconsumeerd, verbetert de slaap en vermindert slaperigheid overdag.

Het collageen in bottenbouillon draagt bij aan **hydratatie** en het behoud van een jeugdige uitstraling. Gelatine, die in bottenbouillon wordt aangetroffen, bevordert de productie van collageen, resulterend in **sterker haar, nagels en verbeterde elasticiteit van de huid, waardoor fijne lijntjes en rimpels verminderen.**

Hoewel bottenbouillon zelf geen probioticum is, helpt het gehalte aan gelatine bij het herstellen van de sterkte van de darmwand en **ondersteunt het de groei van probiotica.** Dit bevordert een gezondere darm en vermindert ontstekingen in het spijsverteringskanaal.

Het kan dienen als een geschikte **maaltijdvervanger** omdat het vitaminen, mineralen, gezonde vetten en aminozuren bevat. Ook kan het worden geconsumeerd na een vastenperiode of tijdens een training.

Het kan bijdragen aan de algehele gezondheid van de **nieren.**

Bottenbouillon en collageenpoeder hebben verschillende eigenschappen. Bottenbouillon levert een breder scala aan voedingsstoffen, terwijl collageenpeptidepoeders effectiever zijn voor specifieke resultaten zoals ondersteuning van de gewrichten en schoonheidsvoordelen, omdat ze een hogere concentratie collageen bevatten.

De bouillon kan helpen bij de bestrijding van **artrose** door het behoud van de gezondheid van de gewrichten en het bieden van gunstige verbindingen.

Het kan bijdragen aan **gewichtsverlies** vanwege het lage caloriegehalte en het hoge eiwitgehalte, dat de eetlust onderdrukt en de magere spiermassa verhoogt.

Het bottenbouillondieet suggereert dat individuen in slechts 21 dagen tot 15 pond en 10 cm kunnen verliezen door een koolhydraatarm, volwaardig maaltijdplan te volgen in combinatie met vastenperiodes.

De bouillon kan **regelmatige stoelgang** bevorderen vanwege het hoge watergehalte, extra mineralen zoals magnesium en gezonde vetten. Deze componenten helpen de darmwand te hydrateren en te ontspannen, wat de passage van de ontlasting vergemakkelijkt.

Bottenbouillon bevat voldoende **elektrolyten**, wat overmatige dorst zou moeten voorkomen. Als je echter dorst hebt, wordt aanbevolen om water te drinken.

Bottenbouillon, met zijn collageengehalte, helpt bij het genezen van het maagslijmvlies. Collageen heeft ontstekingsremmende eigenschappen en helpt bij het herstellen van de darmwand. Mensen met aandoeningen zoals het **prikkelbare darmsyndroom (IBS), spijsverteringsproblemen, lekkende darm en maagzweren** kunnen baat hebben bij een bottenbouillon vasten. Glycine, een aminozuur dat in bottenbouillon aanwezig is, bevordert het genezingsproces en helpt de darm af te sluiten vanwege het gelatinegehalte.

Mensen met **diabetes** kunnen bottenbouillon consumeren vanwege het effect van glycine, een aminozuur dat in bottenbouillon aanwezig is, op de gezondheid van de darm. Glycine helpt ook om de bloedsuikerspiegel en insulinespiegels te stabiliseren wanneer het samen met maaltijden wordt geconsumeerd.

Bottenbouillon bevat **vitamine A, B2, B12 en E** uit het beenmerg. Het levert ook **omega-3 en omega-6 vetzuren, calcium, ijzer, selenium en zink**. Bovendien is bottenbouillon een goede bron van **eiwitten**.

Beenmerg wordt gebruikt om bottenbouillon te maken, bevat rood beenmerg. Rood beenmerg draagt bij aan **immuunsysteem** factoren zoals myeloïde stamcellen, voorlopers van rode bloedcellen die zuurstof transporteren, evenals lymfoïde stamcellen, voorlopers van witte bloedcellen en bloedplaatjes.

Je kunt ervoor kiezen om zelf bottenbouillon te maken met een slowcooker of kant-en-klare bottenbouillon te kopen, of voor poedervorm te kiezen. Bij het maken van bottenbouillon thuis heeft kip minimaal 12 uur kooktijd nodig, rundvlees heeft 18 uur nodig en vis heeft 9 uur nodig. Het wordt aanbevolen om ui, bleekselderij en wortels aan de ingrediënten toe te voegen, en het waterpeil moet ongeveer 3 cm boven alle ingrediënten liggen.

Bij het kopen van kant-en-klare bottenbouillon, kies voor goede biologische kwaliteit. Zelf gebruik ik de bouillon van het merk **Mattisson**. Deze is rijk aan eiwitten, mineralen, aminozuren en collageen. Het heeft geen smaak dus erg gemakkelijk om overal aan toe te voegen. Ik eet 's morgens altijd havermout pap en daar gaan 2 eetlepels bouillonpoeder door.

Een goede start voor elke dag Een combinatie van dagelijkse bottenbouillon en collageen levert de beste resultaten op voor een verbeterde gezondheid.

HOOFDSTUK 18 Elektrolyten

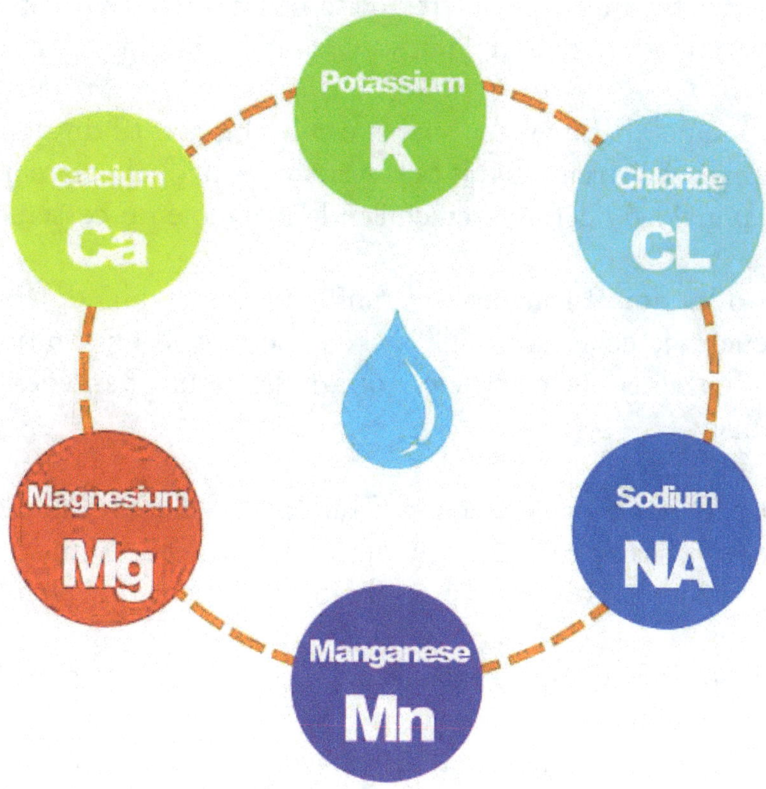

Elektrolyten zijn essentiële mineralen in je lichaam die een cruciale rol spelen bij het handhaven van een gezonde balans van vloeistoffen en het ondersteunen van verschillende fysiologische processen. Ze zijn belangrijk voor het functioneren van cellen, zenuwstelsel, spieren en verschillende organen. Hier zijn enkele redenen waarom elektrolyten gezond zijn:

1. Vochtbalans: Elektrolyten zoals natrium, kalium, chloor en magnesium helpen de balans van vloeistoffen in en uit de cellen te handhaven. Dit is essentieel voor een optimale hydratatie en het goed functioneren van je lichaam.

2. Zenuwstelsel: Elektrolyten zijn betrokken bij het overbrengen van elektrische signalen in je zenuwstelsel. Ze dragen bij aan zenuwimpulsen die belangrijk zijn voor spiercontractie, coördinatie en reacties op prikkels.

3. Spierfunctie: Elektrolyten, met name natrium en kalium, zijn cruciaal voor het behoud van een normale spierfunctie. Ze zorgen voor spiercontractie en ontspanning, wat nodig is voor dagelijkse activiteiten en sportprestaties.

4. Hartgezondheid: Kalium, calcium en magnesium zijn bijzonder belangrijk voor een gezond hartritme. Ze reguleren de samentrekking en ontspanning van de hartspier en dragen bij aan de stabiliteit van de elektrische signalen in het hart.

5. Zuur-base-balans: Elektrolyten spelen een rol bij het handhaven van de juiste zuur-base-balans in je lichaam. Dit is belangrijk voor het behoud van een optimale pH-waarde, wat invloed heeft op verschillende metabole processen.

6. Energieproductie: Elektrolyten zijn betrokken bij de processen die energieproductie in je cellen mogelijk maken. Ze dragen bij aan de werking van enzymen en co-enzymen die nodig zijn voor de omzetting van voedingsstoffen in bruikbare energie.

7. Nierfunctie: Nieren spelen een rol bij het reguleren van de balans van elektrolyten in je lichaam. Elektrolyten zijn nodig om een normale nierfunctie te handhaven en te zorgen voor een juiste filtratie en uitscheiding van afvalstoffen.

Kortom, elektrolyten zijn van vitaal belang voor de algehele gezondheid en het welzijn. Ze helpen bij het handhaven van belangrijke lichaamsfuncties en ondersteunen een goede werking van cellen, weefsels en organen. Een tekort aan elektrolyten kan leiden tot uitdroging, verminderde spierfunctie, vermoeidheid en andere gezondheidsproblemen.

HOOFDSTUK 19 Essentiële mineralen

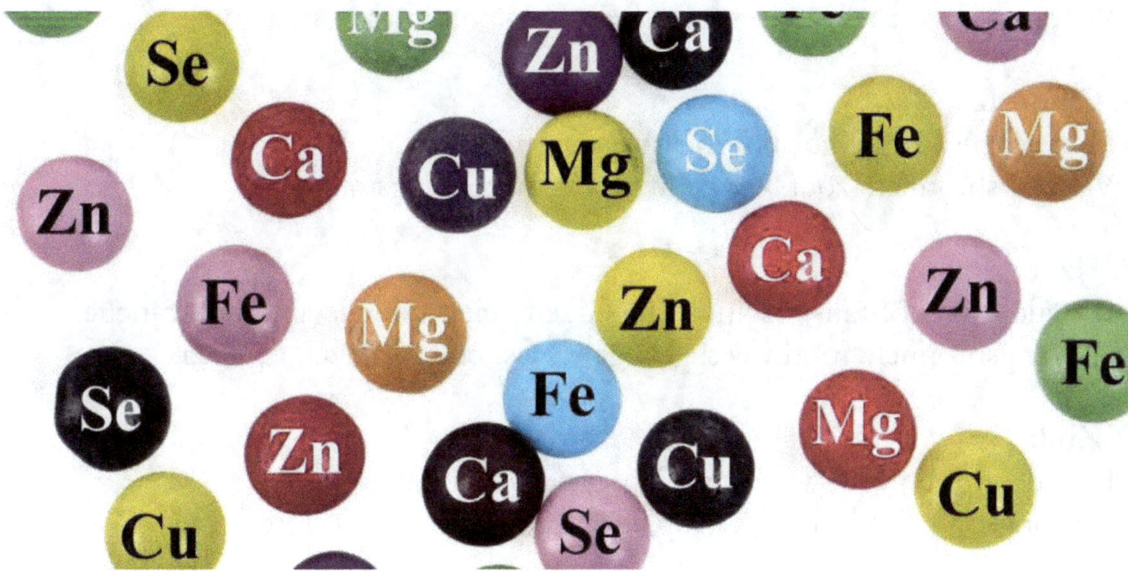

Er zijn verschillende essentiële mineralen die het lichaam nodig heeft voor optimale gezondheid en functioneren. Deze mineralen kunnen niet door het lichaam worden aangemaakt en moeten worden verkregen via voeding.

Hier zijn enkele van de belangrijkste essentiële mineralen, hun functies in het lichaam en voedingsbronnen waarin ze voorkomen:

1. Natrium
- Functie: regulering van vochtbalans, zenuwgeleiding, spiercontractie.
- Voedingsbronnen: zout, bewerkte voedingsmiddelen

2. Kalium
- Functie: regulering van vochtbalans, zenuwimpulsen, spierfunctie.
- Voedingsbronnen: bananen, aardappelen, tomaten, bonen, meloenen, avocado's.

3. Calcium
- Functie: botgezondheid, spiercontractie, zenuwgeleiding, bloedstolling.
- Voedingsbronnen: zuivelproducten, groene bladgroenten, noten, zaden.

4. Magnesium
- Functie: spier- en zenuwfunctie, energieproductie, botgezondheid.
- Voedingsbronnen: spinazie, noten, zaden, volle granen, avocado's.

5. Fosfor
- Functie: bot- en tandgezondheid, energiemetabolisme, celmembranen.
- Voedingsbronnen: vis, vlees, gevogelte, zuivelproducten, peulvruchten.

6. Chloride
- Functie: zure-baseregulatie, vochtbalans, spijsvertering.
- Voedingsbronnen: zout, vooral in bewerkte voedingsmiddelen.

7. IJzer
- Functie: zuurstoftransport in het bloed, energieproductie, immuun functie.
- Voedingsbronnen: rood vlees, gevogelte, vis, bonen, linzen, spinazie.

8. Zink
- Functie: Immuniteit, wondgenezing, groei, reproductie.
- Voedingsbronnen: rundvlees, kip, vis, noten, zaden, zuivelproducten.

9. Koper
- Functie: vorming van rode bloedcellen, ijzermetabolisme, antioxidant.
- Voedingsbronnen: orgaanvlees, schaaldieren, noten, zaden, cacao.

10. Mangaan
- Functie: botvorming, metabolisme, antioxidanten.
- Voedingsbronnen: noten, zaden, volle granen, thee.

11. Selenium
- Functie: antioxidant, immuunondersteuning, schildklierfunctie.
- Voedingsbronnen: vis, schaaldieren, vlees, eieren, noten, zaden.

12. Jodium
- Functie: schildklierfunctie, hormoonproductie.
- Voedingsbronnen: gejodeerd zout, zeewier, zeevruchten.

13. Fluoride
- Functie: tand- en botgezondheid.
- Voedingsbronnen: Drinkwater (in sommige gebieden), melk, vis, thee (zwarte en groene), eieren, roodvlees.

Opmerking: Fluoride stapelt zich voornamelijk in het bot en kan fracturen veroorzaken, maar stapelt zich ook in zachte weefsels, in het bijzonder hart (aorta), lever en blaas. - Fluoride kan neurologische klachten veroorzaken, zoals hoofdpijn, duizeligheid, spasmen, visuele stoornissen en concentratieverlies. Poets altijd met tandpasta zonder fluoride. (Het fluoride die hierin wordt gebruikt is chemisch en dus niet natuurlijk)

14. Chroom
- Functie: regulatie van insuline, metabolisme van koolhydraten, vetten en eiwitten.
- Voedingsbronnen: volkorenproducten, vlees, eieren, noten.

15. Molybdeen
- Functie: enzymatische reacties in het lichaam.
- Voedingsbronnen: peulvruchten, linzen, noten, volle granen.

Deze mineralen zijn allemaal nodig voor verschillende aspecten van de gezondheid, waaronder botvorming, spierfunctie, zenuwgeleiding, immuunrespons, energieproductie en meer. Een uitgebalanceerd dieet met een verscheidenheid aan voedingsmiddelen kan helpen om aan de dagelijkse behoeften van essentiële mineralen te voldoen.

HOOFDSTUK 20 Zeemos

Zeemos, ook bekend als Iers mos, biedt een breed scala aan gezondheidsvoordelen vanwege de 92 mineralen die het bevat.

Hier zijn enkele voordelen van zeemos:

1. Verbetering van de Vruchtbaarheid: Zeemos is rijk aan jodium, magnesium, kalium en calcium, die allemaal belangrijk zijn voor een gezonde voortplanting en vruchtbaarheid. De hormoonregulerende eigenschappen van jodium kunnen de menstruatiecyclus en ovulatie ondersteunen.

2. Ondersteuning van de Schildklier: Vanwege het hoge jodiumgehalte kan zeemos de schildklierfunctie helpen ondersteunen, wat cruciaal is voor het reguleren van de stofwisseling en hormonen.

3. Gezonde Spijsvertering: De slijmvormende eigenschappen van zeemos kunnen helpen bij het kalmeren van maag- en darmirritatie, waardoor een gezonde spijsvertering wordt bevorderd.

4. Versterking van het Immuunsysteem: Zeemos bevat antioxidanten die de immuunrespons kunnen versterken en oxidatieve stress kunnen verminderen, wat kan bijdragen aan een betere afweer tegen ziekten.

5. Ondersteuning van de Huidgezondheid: De slijmvormende eigenschappen van zeemos kunnen helpen bij het verzachten van ontstoken huid en het bevorderen van een gezonde huidtextuur. Je kunt het gebruiken als een crème wanneer je de gel koopt. Smeer het op de huid, bijvoorbeeld bij acne of psoriasis.

6. Bevordering van Hartgezondheid: Zeemos bevat mineralen zoals kalium en magnesium die kunnen helpen bij het handhaven van een gezonde bloeddruk en het ondersteunen van hartfuncties.

7. Ontstekingsremmende Eigenschappen: De bioactieve stoffen in zeemos hebben ontstekingsremmende eigenschappen die kunnen bijdragen aan het verminderen van ontstekingen in het lichaam.

8. Bevordering van Haargroei en Sterke Nagels: De voedingsstoffen in zeemos kunnen bijdragen aan de gezondheid van haar en nagels, waardoor de groei wordt gestimuleerd en de sterkte wordt verbeterd.

9. Verhoging van Energie: Zeemos levert belangrijke voedingsstoffen die nodig zijn voor energieproductie, wat kan leiden tot een verhoogd energieniveau.

10. Ondersteuning van Gewichtsbeheersing: De vezels in zeemos kunnen helpen bij het bevorderen van een verzadigd gevoel en gezonde eetgewoonten, wat kan bijdragen aan gewichtsbeheersing.

11. Ontgiften en Celreparatie: Zeemos kan helpen bij het verwijderen van gifstoffen uit het lichaam en bijdragen aan celreparatie en herstel.

12. Gezonde Botten en Tanden: Zeemos is rijk aan calcium en magnesium, die essentieel zijn voor de gezondheid van botten en tanden.

13. Stabilisatie van de Bloedsuikerspiegel: De vezels en mineralen in zeemos kunnen helpen bij het stabiliseren van de bloedsuikerspiegel, wat belangrijk is voor diabetesmanagement.

HOOFDSTUK 21 Vitaminen

Hier zijn alle essentiële vitaminen, hun functies in het lichaam en voedingsbronnen waarin ze voorkomen:

1. Vitamine A (Retinol)
- Functie: Ondersteunt gezichtsvermogen, immuunsysteem, huidgezondheid.
- Voedingsbronnen: Lever, wortelen, zoete aardappelen, spinazie, melk, eieren.

2. Vitamine D
- Functie: Ondersteunt botgezondheid, immuunsysteem, calciumopname.
- Voedingsbronnen: Vette vis (zalm, tonijn), eigeel, verrijkte zuivelproducten.

3. Vitamine E
- Functie: Antioxidant, beschermt cellen tegen schade.
- Voedingsbronnen: Noten (amandelen, hazelnoten), zaden, plantaardige oliën, bladgroenten.

4. Vitamine K
- Functie: Bloedstolling, botgezondheid.
- Voedingsbronnen: Groene bladgroenten, broccoli, spruitjes, lever.

5. Vitamine C (Ascorbinezuur)
- Functie: Antioxidant, ondersteunt immuunsysteem, collageenvorming.
- Voedingsbronnen: Citrusvruchten, kiwi, aardbeien, paprika, broccoli.

6. Vitamine B1 (Thiamine)
- Functie: Energieproductie, zenuwstelsel.
- Voedingsbronnen: Varkensvlees, volle granen, bonen, noten.

7. Vitamine B2 (Riboflavine)
- Functie: Energieproductie, celgroei, huidgezondheid.
- Voedingsbronnen: Zuivelproducten, eieren, lever, groene bladgroenten.

8. Vitamine B3 (Niacine)
- Functie: Energieproductie, cholesterolregulatie.
- Voedingsbronnen: Gevogelte, vis, volle granen, noten, peulvruchten.

9. Vitamine B5 (Pantotheenzuur)
- Functie: Energieproductie, stofwisseling van vetten.
- Voedingsbronnen: Vlees, vis, volle granen, avocado's.

10. Vitamine B6 (Pyridoxine)
- Functie: Eiwitmetabolisme, neurotransmitterproductie.
- Voedingsbronnen: Vlees, vis, volle granen, bananen, aardappelen.

11. Vitamine B7 (Biotine)
- Functie: Ondersteunt stofwisseling van koolhydraten, vetten en aminozuren.
- Voedingsbronnen: Eieren, noten, zaden, lever.

12. Vitamine B9 / B11 (Foliumzuur)
- Functie: Celgroei, DNA-synthese, zwangerschapsondersteuning.
- Voedingsbronnen: Bladgroenten, bonen, citrusvruchten, avocado's.

13. Vitamine B12 (Cobalamine)
- Functie: Vorming van rode bloedcellen, zenuwfunctie.
- Voedingsbronnen: Dierlijke producten (vlees, vis, eieren, zuivel), verrijkte
  voedingsmiddelen.

14. Vitamine H (Inositol)
- Functie: Ondersteunt zenuwstelsel, vetstofwisseling.
- Voedingsbronnen: Voedingsmiddelen van dierlijke en plantaardige oorsprong.

15. Vitamine P (Bioflavonoïden)
- Functie: Antioxidant, verbetert opname van vitamine C.
- Voedingsbronnen: Citrusvruchten, bessen, uien, groene thee.

16. Vitamine Q10 (Ubiquinon)
- Functie: Energieproductie, antioxidant.
- Voedingsbronnen: Vis, vlees, noten, sojaolie.

Het is belangrijk om een gevarieerd dieet te volgen om ervoor te zorgen dat je voldoende van al deze essentiële vitaminen binnenkrijgt voor optimale gezondheid en functioneren. In sommige gevallen kunnen supplementen worden overwogen als aanvulling op voeding.

HOOFDSTUK 22 Intermittent Fasting

Intermittent fasting (vasten) is een benadering van voeding die ons de kans biedt om onze gezondheid proactief te onderhouden en te verbeteren. Laten we ontdekken hoe deze eetmethode een positieve impact kan hebben op ons welzijn.

Intermittent fasting is geen nieuwe trend, maar het heeft de afgelopen jaren zeker aan populariteit gewonnen. Bij deze aanpak wisselen vastenperiodes en eetperiodes elkaar af. Dit kan variëren van de 16/8-methode, waarbij je 16 uur vast en 8 uur eet, tot het 5:2-patroon waarbij je gedurende twee dagen in de week je calorie-inname beperkt.

Het idee is om je lichaam te laten rusten en de tijd te geven om te herstellen tijdens de vastenperiode. De voordelen van intermittent fasting zijn divers en indrukwekkend. Gewichtsverlies is een van de meest opvallende resultaten, omdat vasten je lichaam aanspoort om opgeslagen vet als energiebron te gebruiken. Het verbetert ook je stofwisseling en kan leiden tot een verhoogde mentale scherpte en helderheid. Bovendien heeft het positieve invloed op insulinegevoeligheid en kan het helpen bij het verminderen van ontstekingen in het lichaam.

Voor beginners kan de overstap naar intermitterend vasten enigszins uitdagend lijken, maar het is essentieel om het geleidelijk aan te pakken. Start met een vastenperiode die comfortabel voor je voelt en breid deze geleidelijk uit naarmate je lichaam zich aanpast.

Het is belangrijk om gehydrateerd te blijven tijdens de vastenperiodes en je maaltijden goed te plannen om ervoor te zorgen dat je voedingsstoffen binnenkrijgt.

Er zijn verschillende vastenmethoden beschikbaar, zodat je kunt kiezen welke het beste bij jouw levensstijl past. De 16/8-methode is een populaire keuze, maar er zijn ook variaties zoals de 5:2-methode en de Eat-Stop-Eat methode, waarbij je 24 uur vast. Het belangrijkste is om een methode te kiezen die je consistent kunt volgen en die aansluit bij je doelen. Vrouwen kunnen beïnvloed worden door intermitterend vasten op een andere manier dan mannen, vanwege hormonale schommelingen.

Het is essentieel voor vrouwen om de juiste vastenmethode te kiezen en te luisteren naar hun lichaam. Vrouwen die zwanger zijn, borstvoeding geven of een geschiedenis hebben van eetstoornissen, moeten voorzichtig zijn en mogelijk advies inwinnen bij een zorgverlener. Wanneer je zwanger wilt worden is het beter om af en toe een dag intermittent fasting te doen, maar zeker niet 7 dagen per week.

Atleten kunnen ook profiteren van intermitterend vasten, hoewel ze wel rekening moeten houden met hun trainingsroutine. Het kan even wennen zijn om te trainen tijdens de vastenperiode, maar sommige atleten vinden dat het hun prestaties verbetert en hun lichaam gevoeliger maakt voor insuline.

Een van de fascinerende aspecten van intermitterend vasten is autophagy, het natuurlijke proces waarbij cellen zichzelf schoonmaken en vernieuwen. Dit kan helpen bij het verwijderen van beschadigde cellen en eiwitten die zich in de loop van de tijd hebben opgehoopt. Autophagy wordt in verband gebracht met verlenging van de levensduur, verminderen van ontstekingen en een verhoogde weerstand tegen ziekten. Dit proces start bij minimaal 17 uur vasten.

Om succesvol te zijn in Intermittent Fasting, is het belangrijk om je vastenperiodes goed te plannen en ervoor te zorgen dat je tijdens je eetperiodes voedzame maaltijden eet. Luister naar je lichaam en pas je aanpak aan als dat nodig is. Drink voldoende water en zorg ervoor dat je voldoende slaap krijgt om je lichaam te ondersteunen tijdens het vasten.
Intermittent fasting kan je bewuster maken van je voedingskeuzes. Omdat je een beperkt tijdsvenster hebt om te eten, ben je geneigd om meer aandacht te besteden

aan de voedingswaarde van je maaltijden. Dit kan helpen bij het verminderen van overeten en het maken van gezondere keuzes. Veel mensen hebben positieve ervaringen gedeeld over hun reis met Intermittent Fasting. Van gewichtsverlies en verbeterde energie tot verhoogde mentale helderheid, de resultaten zijn divers maar vaak indrukwekkend. Het is belangrijk om te onthouden dat iedereen anders is en dat het belangrijk is om naar je eigen lichaam te luisteren.

Talrijke wetenschappelijke studies hebben de voordelen van Intermittent Fasting onderzocht. Deze studies tonen aan dat vasten het risico op chronische ziekten kan verminderen, het metabolisme kan verbeteren en de gevoeligheid voor insuline kan verhogen. Hoewel er nog meer onderzoek nodig is, wijzen de huidige bevindingen op veelbelovende resultaten.

Vasten en Gezondheidsaandoeningen

Intermitterend vasten kan ook gunstig zijn voor mensen met bepaalde gezondheidsaandoeningen. Het kan helpen bij het reguleren van bloedsuikerspiegels bij mensen met diabetes type 2 en kan zelfs beschermend zijn tegen neurodegeneratieve aandoeningen zoals de ziekte van Alzheimer.

Tijdens Intermittent Fasting is het cruciaal om goed naar je lichaam te luisteren. Als je je duizelig of zwak voelt, is het belangrijk om te stoppen en te gaan eten. Het is ook essentieel om te onthouden dat vasten niet voor iedereen geschikt is, vooral niet voor mensen met een voorgeschiedenis van eetstoornissen.

Hier zijn enkele veelgestelde vragen over intermittent fasting:

Kan ik koffiedrinken tijdens het vasten? Ja, zwarte koffie zonder suiker of melk is toegestaan tijdens het vasten en kan zelfs helpen om de honger te verminderen. Voeg een theelepel extra vierge kokosolie toe en een theelepel boter, dit heet bulletproof koffie en het helpt honger tegen te gaan en verscherpt je focus.

Hoe kan ik omgaan met hongergevoelens tijdens het vasten? Drink voldoende water, kruidenthee of zwarte koffie om de honger te verminderen. Afleiding zoeken, zoals lichte lichaamsbeweging, kan ook helpen.

Mag ik sporten tijdens het vasten? Ja, lichte tot matige lichaamsbeweging is meestal veilig tijdens het vasten. Luister naar je lichaam en pas je training indien nodig aan.

Hoelang duurt het voordat ik resultaten zie? De resultaten kunnen variëren, maar sommige mensen ervaren al na enkele weken positieve veranderingen, zoals gewichtsverlies en meer energie.

Naast de fysieke voordelen kan Intermittent Fasting ook positieve effecten hebben op de mentale gezondheid. Sommige mensen melden een verbeterde focus, concentratie en helderheid tijdens de vastenperiodes. Bovendien kan het helpen bij het verminderen van stress en angst, waardoor een gevoel van welzijn wordt bevorderd.

Conclusie:
Intermittent fasting is meer dan een tijdelijke dieetrage; het is een levensstijl die positieve effecten kan hebben op zowel je fysieke als mentale gezondheid. Met diverse vastenmethoden om uit te kiezen, kun je een aanpak vinden die bij jou past en die je kunt aanpassen aan je levensstijl. Onthoud dat luisteren naar je lichaam cruciaal is en dat je altijd deskundig advies moet inwinnen voordat je grote veranderingen in je eetpatroon aanbrengt. Met de juiste aanpak kan intermittent fasting een krachtig instrument zijn om je gezondheid te verbeteren en een gebalanceerde levensstijl te bevorderen.

HOOFDSTUK 23 Hormonen

Hormonen: De Boodschappers van het Lichaam en Hun Rol in Gezondheid

Hormonen zijn de chemische boodschappers van het lichaam, en ze spelen een cruciale rol bij het reguleren van tal van lichaamsfuncties. Ze beïnvloeden niet alleen onze fysieke gezondheid, maar ook onze stemming, energieniveaus en algemeen welzijn. Wanneer hormonen uit balans zijn, kan dit leiden tot een breed scala aan gezondheidsproblemen. In dit artikel zullen we de belangrijkste hormonen bespreken, hun functies en wat er gebeurt wanneer ze niet goed in balans zijn.

Insuline

Insuline wordt aangemaakt door de alvleesklier en helpt bij het reguleren van de bloedsuikerspiegel. Het zorgt ervoor dat glucose vanuit het bloed de lichaamscellen kan binnengaan, waar het als energiebron wordt gebruikt.

Uit balans: Insulineresistentie kan ontstaan wanneer de lichaamscellen niet meer goed op insuline reageren. Hierdoor blijft glucose langer in het bloed aanwezig en kan de bloedsuikerspiegel stijgen. Op de lange termijn kan dit het risico op diabetes type 2 vergroten.

Wat kun je doen: Een gezond voedingspatroon, regelmatige lichaamsbeweging en het behouden van een gezond gewicht kunnen helpen om de gevoeligheid voor insuline te verbeteren. Koolhydraatarm eten kan eveneens bijdragen aan stabielere bloedsuikerwaarden, doordat grote schommelingen in glucose en insuline worden verminderd.

Voldoende vocht is ook belangrijk, omdat het lichaam water nodig heeft voor een goede doorbloeding, nierfunctie en regulatie van glucose. Gezonde vetten nemen eveneens een belangrijke plaats in. Voedingsmiddelen zoals avocado, olijfolie, noten, zaden en vette vis kunnen langduriger energie geven, de verzadiging verbeteren en de behoefte aan regelmatige koolhydraatrijke tussendoortjes verminderen.

Een evenwichtig koolhydraatarm voedingspatroon met voldoende eiwitten, gezonde vetten, groenten, vezels en vocht kan daarom helpen om de bloedsuikerregulatie te ondersteunen en insulineresistentie tegen te gaan.

Leptine

Functie: Leptine wordt geproduceerd door vetcellen en speelt een rol in het reguleren van de eetlust. Het stuurt signalen naar de hersenen om aan te geven wanneer we vol zitten.

Uit balans: Leptineresistentie kan optreden, waardoor het lichaam de signalen van verzadiging negeert, wat kan leiden tot overeten en gewichtstoename.

Wat te doen: Voldoende slaap en het vermijden van overmatige calorie-inname kunnen helpen de gevoeligheid voor leptine te herstellen.

Ghreline

Functie: Ghreline wordt vaak het "hongerhormoon" genoemd omdat het de eetlust stimuleert. Het wordt geproduceerd in de maag en darmen.

Uit balans: Hoge ghrelinewaarden kunnen leiden tot overmatige honger en ongezonde eetgewoonten.

Wat te doen: Een uitgebalanceerd dieet met voldoende vezels en eiwitten kan helpen de eetlust te reguleren.

Schildklierhormonen (T3 en T4)

Functie: De schildklier produceert thyroxine (T4) en tri-joodthyronine (T3), die het metabolisme reguleren. Ze beïnvloeden het energieniveau en de lichaamstemperatuur.

Uit balans: Hypothyreoïdie (te weinig hormonen) kan leiden tot gewichtstoename, vermoeidheid en koude intolerantie. Hyperthyreoïdie (te veel hormonen) kan leiden tot gewichtsverlies, nervositeit en oververhitting.

Wat te doen: Medicatie kan worden voorgeschreven om schildklierhormonen in balans te brengen. Een gezonde darmflora is ook van essentieel belang voor de omzetting van T4 naar T3. Ook het virus Epstein Barr kan de veroorzaker zijn van een niet goed functionerende schildklier.

Cortisol

Functie: Cortisol, het "stresshormoon," helpt het lichaam om te gaan met stress en reguleert de bloeddruk en het immuunsysteem.

Uit balans: Chronisch verhoogde cortisolspiegels als gevolg van langdurige stress kunnen leiden tot gewichtstoename, slapeloosheid en andere gezondheidsproblemen.

Wat te doen: Stressmanagementtechnieken zoals meditatie, yoga en lichaamsbeweging kunnen helpen cortisol in evenwicht te brengen.

Oestrogenen en Testosteron

Functie: Oestrogenen (vrouwelijke hormonen) en testosteron (mannelijk hormoon) spelen een rol in de seksuele ontwikkeling en voortplanting, maar hebben ook invloed op humeur, energie en gewichtsregulatie.

Uit balans: Veranderingen in deze hormonen, zoals tijdens de menopauze, kunnen leiden tot gewichtstoename en stemmingswisselingen.

Wat te doen: Hormoontherapie kan worden overwogen onder medisch toezicht om hormonale schommelingen te beheersen.

Groeihormoon (GH)

Functie: GH is betrokken bij de groei van weefsels. Groeihormonen, ook bekend als somatotropine of GH (Growth Hormone), zijn hormonen die een cruciale rol spelen in de groei, ontwikkeling en het behoud van verschillende lichaamsweefsels bij mensen. Hier zijn enkele belangrijke functies van groeihormen:

1. Bevordering van de groei: Groeihormonen stimuleren de groei van botten en kraakbeen in het lichaam, wat vooral belangrijk is tijdens de kindertijd en adolescentie. Ze zijn verantwoordelijk voor de toename in lengte die kinderen ervaren tijdens de groeispurt in de puberteit.

2. Spiergroep: Groeihormonen spelen een rol bij de ontwikkeling en groei van spierweefsel. Ze bevorderen de groei van spiervezels en kunnen bijdragen aan een toename van spiermassa en -kracht.

3. Vetstofwisseling: GH heeft invloed op de stofwisseling van vetten in het lichaam. Het kan de afbraak van vetten (lipolyse) bevorderen en de opname van vetzuren in vetcellen verminderen, wat kan leiden tot een afname van lichaamsvet.

4. Botgezondheid: Groeihormonen spelen een cruciale rol bij het behoud van sterke en gezonde botten. Ze bevorderen de opname van calcium in de botten, wat de botdichtheid en -sterkte ondersteunt.

5. Weefselherstel en -regeneratie: GH stimuleert de regeneratie van cellen en weefsels in het lichaam. Dit proces is essentieel voor het herstellen van beschadigde cellen, weefselgroei en algemeen herstel na verwondingen.

6. Eiwitsynthese: Groeihormonen bevorderen de synthese van eiwitten in het lichaam. Dit is belangrijk voor de opbouw en reparatie van weefsels, waaronder spieren, botten en organen.

7. Immuunsysteem: GH kan de immuunfunctie verbeteren door het stimuleren van de productie en activiteit van immuuncellen, wat kan bijdragen aan een betere afweer tegen infecties en ziekten.

8. Algemeen welzijn: Naast hun fysieke functies kunnen groeihormonen ook van invloed zijn op het algemene welzijn. Ze kunnen de energie en vitaliteit verhogen, de kwaliteit van de slaap verbeteren en een positieve invloed hebben op de stemming.

Het vrijkomen van groeihormonen wordt sterk gestimuleerd tijdens de slaap, vooral tijdens de diepe slaapfases. Daarom is voldoende slaap essentieel voor een gezonde productie van groeihormonen, met name bij kinderen en adolescenten die nog in de groeifase zitten. Bij sommige medische aandoeningen of hormonale onbalans kan het nodig zijn om groeihormoonbehandelingen te overwegen om groei- en ontwikkelingsproblemen te behandelen.

HOOFDSTUK 24 Meditatie

De Kracht van Meditatie: Een Reis naar Gezondheid en Welzijn

Meditatie is veel meer dan alleen maar op een matje zitten met gesloten ogen. Het is een eeuwenoude praktijk die de geest, het lichaam en de ziel kan transformeren. Steeds meer mensen omarmen meditatie als een essentieel onderdeel van hun dagelijkse routine, en dat is niet zonder reden. De voordelen van meditatie zijn indrukwekkend en variëren van stressvermindering tot het bevorderen van fysieke gezondheid en emotioneel welzijn. Laten we enkele van de belangrijkste redenen verkennen waarom meditatie zo gunstig is voor onze algehele gezondheid.

1. Stressvermindering

Stress is een veelvoorkomend probleem in onze moderne samenleving, en langdurige stress kan schadelijk zijn voor zowel onze fysieke als mentale gezondheid. Meditatie staat bekend om zijn vermogen om stressniveaus te verlagen. Tijdens meditatie kunnen we onze geest tot rust brengen, waardoor de productie van stresshormonen zoals cortisol afneemt. Dit kan leiden tot een diepe ontspanning en een gevoel van kalmte dat doorwerkt in ons dagelijks leven.

2. Verbeterde Emotionele Gezondheid

Meditatie kan onze emotionele gezondheid verbeteren door ons bewuster te maken van onze emoties en gedachten. Het stelt ons in staat om negatieve gedachtepatronen te herkennen en te vervangen door positievere. Bovendien kan meditatie helpen bij het verminderen van symptomen van angst en depressie. Regelmatige beoefening kan leiden tot een groter gevoel van welzijn en geluk.

3. Verhoogde Concentratie en Aandacht

Meditatie vereist dat we onze aandacht richten op een specifiek object, geluid, mantra of onze ademhaling. Deze focus helpt bij het trainen van onze geest om beter te concentreren. Onderzoek heeft aangetoond dat mensen die mediteren vaak betere cognitieve vaardigheden hebben, zoals aandacht, geheugen en probleemoplossend vermogen.

4. Lichamelijke Gezondheid Voordelen Meditatie is niet alleen goed voor de

geest, maar ook voor het lichaam. Het kan helpen bij het reguleren van de bloeddruk, het verminderen van ontstekingen en het versterken van het immuunsysteem. Mensen die mediteren, melden vaak een betere slaapkwaliteit en een groter gevoel van vitaliteit.

5. Zelfbewustzijn en Persoonlijke Groei

Meditatie kan leiden tot een dieper begrip van onszelf en onze doelen in het leven. Het kan ons helpen om ons potentieel te realiseren en ons persoonlijke groei te bevorderen. Door regelmatig te mediteren, kunnen we inzicht krijgen in onze gewoonten, reacties en verlangens, wat leidt tot positieve veranderingen in ons gedrag en onze relaties.

6. Verbeterde Slaapkwaliteit

Veel mensen die moeite hebben om in slaap te vallen of rusteloze nachten ervaren, hebben baat bij meditatie. Het kalmeert de geest en vermindert piekergedachten, waardoor een diepere en meer rustgevende slaap mogelijk is.

7. Stress Management in het Dagelijks Leven

Een van de grootste voordelen van meditatie is dat de vaardigheden die je tijdens de meditatie beoefent, kunnen worden toegepast in je dagelijks leven. Je leert hoe je met stressvolle situaties kunt omgaan, geduldiger kunt zijn en bewuster kunt leven.

Kortom, meditatie is een krachtig hulpmiddel voor het cultiveren van fysieke en mentale gezondheid, emotioneel welzijn en persoonlijke groei. Het is een praktijk die iedereen kan beoefenen, en het vereist geen speciale apparatuur of omgeving.

Begin vandaag nog met mediteren en ervaar zelf de vele voordelen die het te bieden heeft voor jouw algehele gezondheid en welzijn. Wanneer je het lastig vindt om gewoon stil te zitten en te mediteren, kun je op YouTube begeleidende meditaties vinden. Deze zijn gratis en erg waardevol om te doen. Je kunt meditaties vinden op elk gebied zoals bijvoorbeeld slapen, stress, loslaten, energie, etc. Er zijn verschillende soorten meditaties, elk met hun eigen focus en doelen.

Hier zijn enkele veelvoorkomende vormen van meditatie:

1. Mindfulness Meditatie: Dit is een van de meest populaire vormen van meditatie. Het draait om het bewustzijn van het huidige moment en het observeren van gedachten, gevoelens en sensaties zonder oordeel. Mindfulness meditatie kan worden beoefend terwijl je zit, loopt, eet of gewoon ademt.

2. Transcendente Meditatie (TM): TM is een eenvoudige en populaire vorm van mantra-meditatie. Tijdens TM herhaal je een specifieke mantra in stilte om de geest te kalmeren en dieper bewustzijn te bereiken.

3. Loving-kindness Meditatie (Metta): Deze meditatie richt zich op het cultiveren van liefdevolle vriendelijkheid en mededogen voor jezelf en anderen. Het omvat het herhalen van positieve affirmaties en het uitsturen van goede wensen naar mensen in je leven.

4. Yoga Meditatie: Meditatie is een integraal onderdeel van yoga. Het bevat ademhalingsoefeningen, concentratie en lichaamshoudingen om de geest te kalmeren en het lichaam te ontspannen.

5. Zen Meditatie (Zazen): Zen is een vorm van boeddhistische meditatie die draait om het zitten in stilte en het observeren van gedachten zonder eraan vast te houden. Het doel is om een dieper begrip en bewustzijn te bereiken.

6. Vipassana Meditatie: Dit is een oude meditatievorm die gericht is op inzicht en bewustwording. Het omvat het systematisch scannen van het lichaam en het observeren van fysieke sensaties en gedachten.

7. Chakra Meditatie: Deze meditatie richt zich op de energiecentra (chakra's) in het lichaam. Het doel is om de stroom van levensenergie te herstellen en emotioneel evenwicht te bereiken.

8. Ademhalingsmeditatie: Dit is een eenvoudige meditatie waarbij je je concentreert op je ademhaling. Het kan helpen om de geest te kalmeren en stress te verminderen.

9. Body Scan Meditatie: Bij deze meditatievorm ga je systematisch door elk deel van je lichaam, van top tot teen, en richt je je aandacht op eventuele spanningen of sensaties.

10. Visualisatiemeditatie: Hierbij visualiseer je een rustgevend beeld of situatie om stress te verminderen en positieve gevoelens te bevorderen.

De keuze voor een bepaalde meditatievorm hangt af van je persoonlijke voorkeur en doelen. Het is belangrijk om verschillende soorten meditatie uit te proberen om te ontdekken welke het beste bij je past. Regelmatige beoefening kan leiden tot een betere geestelijke en lichamelijke gezondheid, evenals innerlijke rust en welzijn.

HOOFDSTUK 25 Vitaliteitscheck

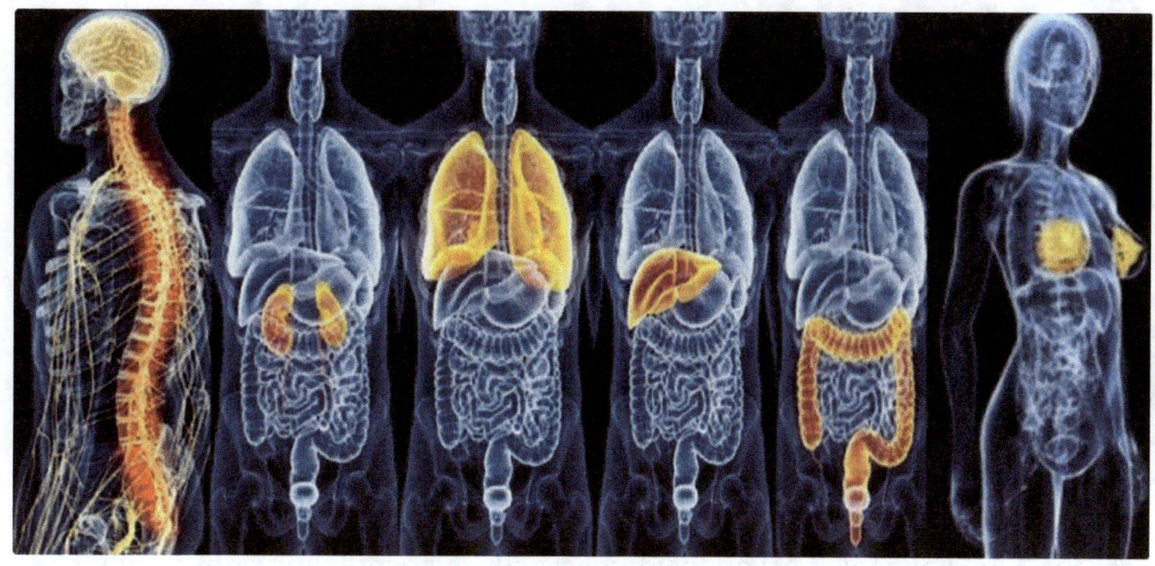

Het belang van Preventieve Gezondheidscontroles:
Net zo cruciaal als de jaarlijkse APK voor je auto

Het is een jaarlijkse traditie: onze auto brengen we trouw naar de garage voor een APK-keuring. De gedachte dat er iets mankeert en we er niet meer mee kunnen rijden, of dat de kosten alleen maar toenemen als we langer wachten, is haast ondraaglijk. En laten we eerlijk zijn, het is verplicht om onze auto, zodra deze ouder is dan 3 jaar, jaarlijks aan een grondige inspectie te onderwerpen.

Maar waarom blijft het dan zo vaak achterwege om een vergelijkbare inspectie op ons eigen lichaam uit te voeren? We betalen aanzienlijke bedragen aan ziektekostenpremies, maar hoe vaak denken we echt preventief aan onze gezondheid? Waarom hanteren we niet dezelfde zorgvuldige aanpak als bij onze auto's? Mijn suggestie: voer elke 6 maanden een health check uit. Hiermee blijf je actief werken aan je welzijn en kun je op tijd ingrijpen waar nodig, vergelijkbaar met het onderhouden van je auto.

Zelf werk ik met een geavanceerd medisch apparaat dat wereldwijd in ziekenhuizen wordt gebruikt. Hoewel het nog niet in alle landen beschikbaar is, zien we gelukkig een groeiend gebruik ervan. Dit apparaat maakt het mogelijk om je hele lichaam in slechts 8 minuten te scannen en biedt inzicht in je totale gezondheid. Denk aan zaken als je energieniveau, stressniveau, orgaanfuncties zoals hart, longen, hersenen en spijsverteringsstelsel, hormonale balans, voedselintoleranties, ontstekingen van lage intensiteit, vitamine- en mineralentekorten, omega-3 niveaus, neurotransmitters, spier- en skeletgezondheid, zenuwstelsel, lymfesysteem, aanwezigheid van toxines en zware metalen, en nog veel meer.

Door twee keer per jaar een dergelijke scan te ondergaan, houd je nauwgezet je lichaamsgezondheid in de gaten en kun je proactief reageren op eventuele problemen. Want laten we eerlijk zijn, wat is er belangrijker dan je eigen gezondheid?

Sinds december 2024 is het mogelijk om soortgelijke scan online uit te voeren, met behulp van de nieuwste technologie op dit gebied. Ongeacht waar ter wereld je je bevindt, met slechts één 10 seconden stembericht en een slefi, krijg je inzicht in je gezondheidsstatus.

Conclusie Je auto verdient jaarlijks een APK-keuring, maar jij verdient minstens zoveel zorg en aandacht. Laten we hetzelfde zorgniveau toepassen op ons eigen lichaam. Door periodiek gezondheidschecks uit te voeren, zorgen we ervoor dat we altijd het stuur in handen hebben als het gaat om onze gezondheid.

Conclusie

In conclusie, ...

Een belangrijke sleutel tot succes ligt in het vermogen om naar je eigen lichaam te luisteren. Neem de tijd om met verschillende voedingsmiddelen te experimenteren en observeer zorgvuldig hoe je lichaam daarop reageert.

Onthoud dat jij de deskundige bent van je eigen lichaam en gezondheid. Wanneer je iets probeert en het niet goed voelt, aarzel dan niet om ermee te stoppen. Het is belangrijk om niet aan een bepaalde aanpak vast te houden alleen omdat je denkt dat dit de juiste manier is. Respecteer en erken de signalen die je lichaam je geeft en pas je koers aan op basis van wat voor jou het beste werkt. Het gaat niet alleen om het volgen van regels, maar ook om het ontwikkelen van een gezonde en evenwichtige relatie met voeding en je algehele welzijn.

Ik wens je een inspirerende en succesvolle reis toe terwijl je stappen zet om je gezondheid te verbeteren. Iedere beslissing die je neemt om goed voor jezelf te zorgen, is een stap in de richting van meer welzijn en een betere kwaliteit van leven. Laat deze reis een ontdekkingstocht zijn waarin je nieuwe inzichten opdoet, positieve veranderingen omarmt en jezelf de ruimte geeft om zowel lichamelijk als geestelijk te groeien. Wees trots op de inspanningen die je levert en besef dat iedere kleine vooruitgang een waardevolle bijdrage vormt aan je algehele gezondheid en geluk.